KB259921

상사가 감동하는 보고서

상사가 감동하는 보고서

펴 냄	2008년 12월 1일 1판 1쇄 박음	2014년 6월 1일 1판 6쇄 펴냄
지은이	정은실 · 최학수 지음
펴낸이	김철종
펴낸곳	(주)한언
	등록번호 제1-128호 / 등록일자 1983. 9. 30
주 소	서울시 종로구 삼일대로 453(경운동) KAFFE빌딩 2층
	TEL. 02-723-3114(대) / FAX. 02-701-4449
책임편집	김지원
디자인	김하늘, 양미정
홈페이지	www.haneon.com
e-mail	haneon@haneon.com

이 책의 무단전재 및 복제를 금합니다.

잘못 만들어진 책은 구입하신 서점에서 바꾸어 드립니다.

ISBN 978-89-5596-500-1   13320

상사가 감동하는 보고서

정은실 · 최학수 지음

한올

보고를 잘 하면 회사 생활이 행복해집니다!

To

From

나는 역사상 가장 훌륭한 보고 하나를 기억하고 있다. 이 보고는 항상 나를 기분 좋게 해주고, 보고의 가치에 대해 다시 생각하게 한다.

1940년 2차 세계대전 당시 미국의 루즈벨트는 막대한 군수물자를 영국에 조달하기 위한 법안, 즉 전시 연합국 무기 대여법이 필요하다는 것을 절감했다. 그는 이 개념에 대해 국민에게 자세히 설명하고 지지를 받고 싶었다. 그래서 다음과 같이 보고했다.

"이웃집에 불이 났습니다. 저는 물을 연결할 수 있는 호스를 가지고 있습니다. 옆집 사람이 제 호스를 소화전에 연결하여 화재 진압을 하면 저도 진화에 도움을 준 셈이 됩니다. 그런데 그가 호스를 빌려가려고 할 때, '이봐요, 호스 가격은 15달러예요. 15달러를 지불하고 가져가시오' 라고 말할 수는 없습니다. 저는 15달러를 요구하지 않았습니다. 불을 끈 다음에 호스를 다시 가져오면 되니까요."

그는 국가의 중요한 사안에 대하여 국민에게 보고했고, 설득했고, 동의를 얻어 냈다. 그는 자신이 보고해야 할 대상이 누구인지 알고 있었고, 그들에게 어떻게 보고해야 하는지, 또 보고를 통해 얻어내야 하는 것이 무엇인지도 잘 알고 있었다. 그리고 멋지게 그 일을 해냈다. 이처럼 보고는 큰 힘을 가지고 있다.

나는 저자들이 보고의 중요성에 대해 다루는 이 책을 왜 쓰게 되었는지 알고 있다. 몇 년 전, 우리는 함께 직장인들의 행복을 위해 '직장인 행복학 – 레인보우 파티'를 계획한 적이 있다. 결코 행복하다고 말할 수 없는 현대 직장인들을 위해 그들이 행복해지는데 기여하자는 것이 우리들의 목표였다. 그러나 당시 사정으로 인해 레인보우 파티는 연기되었고, 나는 이 책의 저자인 정은실에게 레인보우 파티에서 설명하려던 프레젠테이션의 기술을 책으로 내보면 어떻겠냐고 말했었다.

그리고 세월이 지나 나는 잊고 있었지만 정은실은 잊지 않고 남편과 함께 이 책을 만들어 냈다. '프레젠테이션의 기술'이 '보고의 기술'로 특화되면서 이 세상에 하나밖에 없는 책 한 권이 완성되었다. 나는 저자들이 어떤 마음으로 이 책을 썼을지 유추할 수 있다. 그들의 마음속에는 '도움'이라는 키워드가 들어가 있었을 것이다. 상사에게 해야 할 보고를 앞두고 막막해 하는 사람들, 핵심이 뭐냐고 따지는 상사 앞에서 진땀을 뻘뻘 흘리고 서 있는 직장인을 돕고 싶은 마음이 이 한 권의 책을 만들었을 것이다. 그들은 '보고'가 가능하면 피하고 싶은 일에서 상사의 지원을 얻어내고 자신을 어필할 수 있는 '훌륭한 관계의 수단'으로 활용되기를 바랐을 것이다.

좋은 마음은 좋은 책을 쓰게 한다. 이것이 작가로서 내 믿음이다. 나는 이 책이 그런 믿음 속에서 탄생했음을 알고 있다. 직장인들이 보고서를 작성하거나 보고를 할 때 몰려오는 두려움과 스트레스를 시원하게 해소할 수 있는 웰빙 처방전임을 보는 순간 알 수 있었다. 상사에게 하는 보고뿐 아니다. 누구에게든 무엇인가를 제시간에 알리고, 지원을 받고, 일을 성공적으로 끝마치기 위한 힘을 얻으려면 이 책을 매뉴얼처럼 보면 좋을 것이다. 그것이 이 책이 가지고 있는 범용성이며 또 하나의 장점이다. 바라는 사람들은 많았지만 아직 세상에 없던 책, 그 책이 좋은 책이다. 그리고 이 책은 그런 책이다.

- 변화경영연구소장 구본형 -

개인과 조직이 함께
행복하게 성장하려면

보고가 무엇인지 몸으로 배우게 하고,
가장 효과적으로 보고하는 방법을 알게 해준
우리의 많은 상사, 동료, 후배들에게 이 책을 드린다.

2008년 초여름, 이 책을 쓰기로 마음을 먹었을 때 우리는 이미 세상에
나온 이 책의 모습을 상상하며 꿈을 꾸었습니다. 모든 직장인들의 책꽂이
에 꽂혀 있는 책, 보고에 대한 직장인들의 현실적인 고민과 해법이 담겨
있는 책, 최소한 세 번은 다시 읽고 싶은 책, 상사가 팀원에게 가장 먼저
선물하고 싶어 하는 책, 인문학적 향기가 스며있는 업무지침서.

우리는 직장인들이 자신의 상사와 보다 즐겁고 생산적인 커뮤니케이
션을 할 수 있기를 바랍니다. 그래서 개인과 조직이 함께 성장하기를 바
랍니다. 이 책이 그 과정에 도움이 될 수 있다면 그것만큼 기쁜 일은 없을
것입니다. 개인과 조직이 함께 성장하며 행복해지는 세상이 우리가 꾸는
꿈의 또 한 부분이기 때문입니다.

혹시 '이 책이 나에게 필요한 책일까?' 하는 의문이 드나요? 아래 질문

에 한 가지 이상이라도 '그렇지 않다'라는 대답이 나온다면 이 책은 당신에게 필요한 책입니다.

- 당신은 상사와 자주 대화를 하고 싶나요?
- 당신은 보고를 준비하며 자신이 창의적인 작업을 하고 있다는 생각이 드나요?
- 당신은 보고를 하면서 즐거운가요?
- 당신은 보고를 마친 후에 많이 배웠다는 생각이 드나요?
- 당신은 보고가 당신과 상사의 일에 생산적인 도움을 준다고 믿고 있나요?

보고는 결코 어렵고 귀찮은 일이 아닙니다. 오히려 즐겁고 창의적이고 생산적인 일이 될 수 있습니다. 보고를 준비하고 실행하는 과정과 결과를 통하여 상사와 좋은 관계를 형성하고, 조직에 기여하고, 자신을 성장시킬 수 있습니다. 단, 그러기 위해서는 보고의 가치와 개념을 잘 이해하고, 성공적인 보고를 위해 어떤 행동을 해야 하는지를 분명히 알고 실행할 수 있어야 합니다. 당신이 보고에 대해 잘 이해하고 효과적인 보고스킬을 실제에 적용할 수 있도록 하기 위하여, 이 책은 다음과 같이 작성되었습니다.

첫째, 이 책은 현장을 담았습니다. 보고를 준비하고 실행하는 프로세스에 따라서, 각 단계마다 실제 업무 현장에서 발생할 수 있는 문제와 해법을 담았습니다. 우리가 강의와 인터뷰를 하면서 만났던 많은 보고자들의 경험, 그들이 질문했던 내용, 우리 스스로 겪었던 시행착오와 성취의 경험을 이 책에 풀었습니다.

둘째, 보고를 맛깔스러운 수준으로 완성할 수 있도록 보고의 기본 가이드라인을 충실히 담았습니다. 초보자를 위한 요리책처럼 보고를 시작하고 끝내는 데에 필요한 중요한 지침들을 하나하나 뽑아서 정리했습니다.

셋째, '어떻게 해야 한다' 는 지침에서 한 걸음 더 나아가 '왜 그렇게 해야 하는가?' 에 대한 답을 담았습니다. 만약 당신이 경험이 많은 보고자라고 하더라도 이 책을 통하여 자신만의 보고 스타일을 창의적으로 다듬어낼 수 있도록 구성했습니다.

이 책은 개인과 조직이 함께 행복해질 수 있도록 돕고자 하는 우리들의 '조직 행복학' 첫 책입니다. 우리는 이 책을 통해 우리가 가진 보고에 대한 생각들을 가장 매력적으로 구조화하고 흡인력 있게 표현하고자 애썼습니다. 초점을 명확히 하기 위해 이 책은 상사와의 보고 상황에 내용을 맞추었지만 자신의 생각을 누군가에게 말하고 작성해야 하는 비즈니스 커뮤니케이션 역량 전반의 향상에도 도움이 될 것입니다.

이 책을 읽고, 여기에 나와 있는 조언들을 실제 업무에 적용해 본다면 당신은 조직 속에서 좀 더 행복해질 것입니다. 그리고 당신이 속해 있는 조직은 당신으로 말미암아 조금 더 성장하게 될 것입니다. 이 책을 쓰는 내내 개인과 조직이 함께 행복하고 성장할 수 있는 조직을 꿈꾸었습니다. 그 과정을 통해 우리는 행복했고, 성장했습니다. 당신도 그러하기를 바랍니다.

– 2008년 가을, 작은 씨앗에서 아름다운 숲을 보며 정은실, 최학수

Contents

보고의 재발견
Reframing
Part
01

보고(報告)는 보고(寶庫)다

　당신은 '보고'라는 말을 들으면 어떤 느낌이 드는가? 오래된 조직의 관례, 상사의 일방적인 지시나 질문에 답해야만 하는 것, 상사에게 정보를 전달하거나 설득하는 것, 고리타분한 느낌, 어쩔 수 없이 해야 하는 것, 스트레스, 불필요하게 업무 시간을 소진시키는 것, 내가 상사가 된다면 없애고 싶은 것, 뜻대로 안 되는 것, 딱딱하고 형식적인 것, 수동적인 것, 불편한 것, 조직의 특성상 필요한 것 등등. 많은 사람들이 보고에 대해 이같이 부정적인 생각이나 느낌을 가지고 있다. 보고에 대한 이러한 인식은 당신의 업무와 성과에 어떤 영향을 미칠까? 평소에 업무를 하면서 보고하는 일을 그리 좋아하지 않지만 그래도 하고는 있으므로 크게 문제될 게 없는 것일까?

　무엇인가에 대해서 우리가 갖는 생각은 그것에 대한 우리의 태도를 결정한다. 또한 행동에도 큰 영향을 미친다. 나름대로 시간과 에너지를 투자해서 준비했던 보고가 기대했던 결과를 안겨주지 않거나 무용지물이 되어 버린 경험을 많이 했을 것이다. 이렇게 보고에 실패하는 주요 원인 중 하나는 보고에 대해 부정적인 생각을 가지고 있기 때문이다.

어려운 프로젝트일수록 일을 잘 배울 수 있는 좋은 기회라고 생각하는 사람은 프로젝트가 힘들어도 잘 이겨낸다. 개인 생활과 조직 생활의 균형을 조절하는 것은 쉬운 일이 아니다. 하지만 그 둘 간의 균형이 가능하다고 생각하는 사람은 사적인 일과 공적인 일 사이에 갈등이 생길 때 유연하게 대처하여 스트레스를 덜 경험한다.

보고에 대해서도 마찬가지다. 보고를 부정적으로 인식하는 사람은 보고 준비를 마지못해 하거나 전력을 다하지 않기 때문에 결과적으로 보고의 성과도 미흡해진다. 반면 보고를 긍정적으로 인식하는 사람들은 오히려 보고 준비와 실행을 즐긴다. 좋은 성과를 만들어내기 위한 과정으로 보고를 잘 활용하는 것이다. 결국 좋은 보고는 좋은 성과로 이어진다.

보고의 가치를 깨달아라

대부분의 직장인들은 보고에 대하여 앞서 살펴본 것과 같은 부정적 인식을 가지고 있다. 보고 준비를 즐거워하거나 보고 기회를 기다리는 사람은 극히 소수다. 그 소수의 사람들은 조직에서 자신이 원하는 것을 잘 성취하고 상사와의 관계를 잘 관리하며 성장해가는 데에 보고를 잘 활용한다. 그들은 보고(報告)가 보고(寶庫)임을 알아차린 사람들이다. 그들이 알아차린 보고의 긍정적인 가치들을 점검해보자.

보고는 자기 브랜딩이다

만약 당신이 중요한 미팅, 행사 등에 입고 나갈 정장을 한 벌 구입해야 한다면 백화점에 가서 어떤 행동을 할까? 여유가 있으면 의류 코너 전체를 둘러볼 수도 있다. 하지만 바쁘다면 보통 자신이 선호하는 브랜드의 매장에 있는 옷들을 집중적으로 살펴볼 것이다. 각자 그 브랜드에 가지고 있는 신뢰와 기대가 있기 때문이다. 그 기대는 세련된 스타일, 적절한 화려함, 젊어 보이는 디자인, 고급스러움, 가격 대비 탁월한 품질 등 두드러지게 느껴지는 인상에서 비롯된다. 이러한 인상은 상품의 구매에 매우 큰 영향을 미친다. 기업들이 브랜드 가치에 총력을 기울이고 엄청난 투자를 하는 이유도 이 때문이다.

그런데 상품에만 브랜드가 있는 것이 아니다. 사람들도 모두 각자의 브랜드를 지니고 있다. 어떤 사람을 생각했을 때 다른 사람과 차별화되어 떠오르는 인상이 바로 그의 브랜드다. 상품의 브랜드가 구매에 큰 영향을 미치듯이 개인의 브랜드도 그가 수행하는 일에 대한 주변 사람들의 평가에 큰 영향을 미친다. 정장 한 벌의 브랜드는 그 상품의 디자인, 가격, 천의 질감, 품질, 모델 등에 의해서 만들어지지만, 개인의 브랜드는 그 개인이 갖는 전문성과 개성에 의해 만들어진다.

매력적인 상품 브랜드는 하루아침에 만들어지지 않는다. 어떤 콘셉트의 브랜드를 만들 것인가를 고민하고 그 콘셉트에 맞는 디자인, 기능 등을 개발하는 치열한 노력을 한다. 대중에게 알리기 위한 광고 활동을 하고, 한 번 형성한 브랜드를 유지하기 위하여 일관성 있고 꾸준하게 투자하고 노력한다. 개인 브랜드도 마찬가지다. 자신의 브랜드 가치를 높이기 위해서는 자기 자신을 어떠한 사람으로 나타낼 것인가를 설정하고, 그것을 위해 내적인 자질들을 만들어가는 지속적인 노력의 과정이 필요하다.

직장 내에서 자신의 브랜드 가치를 형성하는 과정에는 '보고'가 아주 중요한 영향을 미친다. 한 개인이 가진 내적인 자질들은 그가 하는 말과 글에서 크게 드러나기 때문이다. 즉, '보고'란 조직 생활에서 자신이 가진 전문성과 개성을 가장 효과적으로 보여주어 자신의 브랜드를 만드는 데에 결정적인 영향을 미치는 과정이라고 할 수 있다.

머릿속에 떠오르는 대로 그냥 말하는 것은 누구나 할 수 있다. 하지만 한정된 시간 동안 특정 주제에 대해 공식적이면서도 흡인력 있게 말해서 목표를 달성하는 것은 아무나 할 수 있는 일이 아니다. 생각하는 바를 가장 적절한 단어, 문장, 논리, 근거로 상대방에게 흡인력 있게 말하기가 어렵기 때문이다. 여기에는 말하고자 하는 내용에 대한 전문성, 알고 있는 바를 구조화하는 능력, 타인의 협력을 이끌어내는 능력, 정보를 사용할 줄 아는 능력, 일에 대한 열정 등이 요구된다.

이러한 내적 자질들은 단순히 보고 상황에서만이 아니라 다른 업무상황에서도 요구되는 중요한 자질들이다. 그래서 보고의 과정을 통해서 드러나는 개인의 자질은 단지 '보고를 잘하는 사람'이라는 평가에서 끝나지 않는다. 더 나아가 조직에서의 그의 브랜드를 형성하는 것이다.

직장생활에서 자기 브랜딩이 중요한 이유는 무엇일까? 그것은 자기 자신이나 다른 사람이 갖는 인상이나 기대가 한 사람의 행동과 결과에 영향을 미치기 때문이다. 이것을 '피그말리온 효과'라고 한다. 이 말은 그리스 신화에 나오는 조각가 피그말리온의 사랑 이야기에서 유래되었다. 그는 아름다운 여인상을 조각하다가 그 여인상을 진심으로 사랑하게 되어 마치 살아있는 사람을 대하듯 하며 여인상이 사람이 되기를 꿈꾸었다.

그 사랑에 감동한 여신 아프로디테가 그 여인상을 사람으로 만들어주었다고 한다.

6년차 인사 컨설턴트인 김찬영 씨의 사례를 보자. 그는 고객과의 프로젝트를 수행할 때마다 함께 일한 고객들로부터 다음에도 같이 일하고 싶다는 이야기를 듣는다. 그에게는 고객의 업무와 문제를 빨리 파악하는 명석함이 있다. 뿐만 아니라 고객과 편안하게 대화하고 자기 생각과 사실을 이해하기 쉽고 설득력 있게 전달하는 커뮤니케이션 능력을 가지고 있다.

그런데 사실 김찬영 씨가 다른 동료 컨설턴트들에 비하여 전문성이 두드러지게 뛰어난 것은 아니다. 그 스스로도 고객이 그의 수준 이상으로 그의 전문성을 평가하는 것을 부담스러워한다. "나는 실제로는 10도 알고 있지 못하는데 고객은 내가 12를 알고 있다고 평가한다."고 말한다. 하지만 그는 이러한 인정과 기대를 바탕으로 고객과의 관계를 누구보다 잘 풀어내고 일을 탁월하게 성공시킨다.

또 그는 자신의 브랜드를 만들기 위해 꾸준히 노력한다. 우선 일을 하면서 중요한 것과 중요하지 않은 것을 잘 구분한다. 고객이 원하는 부분을 신속하게 학습하고 그것에 초점을 맞추어 일을 한다. 또 메모를 잘 한다. 일을 해가는 과정에서 보고 들은 것, 가치 있다고 생각하는 것을 잘 메모하고 자신의 언어로 소화하여 고객과의 미팅이나 발표 시에 그 자료를 활용한다.

또한 말하기도 즐긴다. 누가 시키지 않아도 스스로 발표할 수 있는 기회를 찾고, 같은 내용도 어떻게 달리 표현할지 그 전달 방법을 고민한다. 이러한 그의 노력이 고객들로 하여금 "김찬영 씨는 전문성이 있고 예의바르고 흡인력이 있는 컨설턴트다."라고 인지하게 만든다. 그래서 함께 일하고 싶은 마음이 들게 한다. 고객의 그러한 시각이 그로 하여금 더 자신의 브랜드를 강화하고 유지하게 만든다. 이런 식으로 선순환의 고리가 생기는 것이다.

보고는 일의 중요한 매듭이다

살아오면서 우리는 중간고사, 기말고사, 입학시험, 자격증 시험, 입사시험 등 많은 시험을 보아왔다. 물론 시험이 즐겁기만 한 일은 아니었을 것이다. 하지만 만약 시험이 없었다면 공부의 과정이 밋밋해지고 공부의 지향점을 잃었을 것이다. 공부하는 내용에 대해서 얼마나 잘 알고 있는지 평가하고 평가받기가 어려웠을 것이고, 지식의 조각들을 모아 자기 지식으로 저장하는 기회를 놓쳤을 것이다.

시험이 공부에서 중요한 매듭짓기의 역할을 하듯 보고는 일에 있어서 중요한 매듭의 역할을 한다. 모든 일은 시작과 끝이 있고 그 과정에서 중요한 마디들이 있다. 즉, 정보를 얻거나 협조를 구하거나 다른 방향으로 전환하거나 종결을 하는 등의 주요 단계들이 있는 것이다. 대부분의 주요 단계들은 그때마다 관계자들과의 의사소통을 필요로 한다. 그 의사소통의 과정에서 타인에게 내가 하고자 하는 바를 이해하기 쉽게 알리고 필요한 도움을 얻는 것이다. 그런데 도움을 이끌어내기 위해서는 자신이 하는 일에 대해 상대에게 설득력 있게 전달할 수 있어야 한다. 그러려면 평소 자신이 무슨 일을 하고 있는지 일의 전체를 명확히 파악하고 정리하는 작업이 필요하다. 자신의 일에 대해 잘 알고 있더라도 그것을 타인에게 잘 전달하는 것은 별개의 과정이기 때문이다.

최 과장의 사례를 보자. 최 과장은 전 임직원을 대상으로 실시한 조직

만족도 조사 결과를 중간 보고하려고 했다. 처음에는 수집된 데이터를 들여다보면서 의미 있는 결과를 도출하기 어려웠다. 하지만 중간 보고 일자가 점점 다가오면서 어떻게 하면 이 내용을 효과적으로 보고할 수 있을까 몰입하여 고민하게 되었다. 그러자 그 전까지는 단순히 숫자들의 나열에 불과했던 데이터들의 패턴과 의미가 보이기 시작했다. 그리고 현재 조직이 가지고 있는 주요 문제들이 포착되었으며, 그 이유가 무엇인지도 알게 되면서 문제와 해법을 몇 개의 핵심 메시지로 정리할 수 있었다.

물론 이는 보고를 하지 않더라도 혼자 연구를 해서 얻을 수 있는 결과일지 모른다. 하지만 시험 기간 중에 100%의 집중이 일어나듯, 보고를 준비하는 과정 중에 자신의 지식과 경험을 총 동원하여 더 깊은 통찰을 빠르게 얻을 수 있는 것이다. 이렇게 보고는 적당한 긴장감을 일으켜 일의 중요한 단계들을 빠르고 효과적으로 매듭짓는 기능을 한다.

보고는 보고받는 사람과의 소통이다

많은 사람들이 독백을 하듯 보고를 한다. 자기가 아는 것, 자기가 중요하다고 생각하는 것을 상대에게 말한다. 반면 상대가 알고 싶어 하는 것, 상대가 중요하다고 생각하는 것에 대해서는 잘 생각하지 못하고 중요하게 다루지 못한다. 성공적인 보고는 자기 혼자 정보를 나열하는 독백이 아니라 보고를 받는 사람과의 '상호 소통의 과정'이다. 보고란 상대의 협조나 동의나 승인을 얻기 위한 것이지, 자신의 전문성을 과시하는 것이 아니기 때문이다.

보고를 잘 하는 사람들은 자기가 하고자 하는 말을 정리하는 데서 그치지 않는다. 상대가 그것을 얼마나 잘 이해하고 수용할 수 있을지를 함께 고민한다. 그 고민의 과정에서 내용에 대한 논리, 근거, 재구성, 명료한 요약 등을 얻게 된다. 또한 자기 안에서 기존의 지식과 새로운 지식이 통합되며 더 깊은 통찰을 얻게 된다. 보고를 실행하는 과정에서는 나와 다른 관점을 가진 사람들과 소통하면서 새로운 관점을 얻게 된다. 또 질문에 답하는 과정에서 자기도 몰랐던 자신의 자원들을 발견하게 된다. 직장인들에게 '보고'만큼 집약된 형태로 자기 안의 것을 정리하여 타인과 소통하게 하고, 서로를 성장시키는 경험은 없다. 이것이 바로 보고가 중요한 이유이다.

몇 년 전, 조직 진단 결과를 고객에게 보고할 때였다. 몇 명의 임원이 졸고 있는 것을 발견했다. 조직 진단 결과는 그 보고의 결론을 도출하기 위한 핵심적인 내용이다. 따라서 당연히 고객에게도 중요한 사안일 것이라 생각했다. 그런데 그것은 나의 착각이었다. 고객은 진단 결과가 아니더라도 이미 조직 상황을 체감하고 있었기 때문에 내가 보고하는 수치에는 별 관심이 없었다. 고객이 결과적으로 관심을 갖고 있었던 점은 "그래서 어떻게 해야 할지 특별한 방법이 있는가, 구체적으로 어떻게 할 것인가, 과연 그것이 가능한가."였다. 잘 분석된 자료를 가지고 세밀하게 설명하고 있었지만 고객과 소통을 하지 못하고 혼자서만 열심히 설명하는 초보적인 잘못을 범한 것이다.

상대와 소통하지 못하는 보고는 의미가 없다. 보고는 모놀로그(혼자만의 이야기, 독백)가 아니라 다이얼로그(대화, 또는 대화글)가 돼야 한다. 면접을 보는 응시자처럼 하는 것도 아니고, 강연을 하는 강연자처럼 하는 것도 아니다. 보고는 조직의 중요한 의사 결정을 위한 정보나 관점에 대해 그것을 필요로 하는 상대방과 소통하여 최적의 성과를 만들어내는 과정이다.

따라서 보고가 소통이 되기 위해서는 서로의 공통 분모를 만들어내야 한다. 최악의 보고가 무엇인지 아는가? 바로 보고가 끝난 후에 상대방으로부터 아무런 반응이 없는 것이다. '알겠네. 생각해 보겠네', '내일까지 결재해 주십시오.' 이런 식으로 끝나는 보고는 사실상 소통이 아니다. 좋은 보고는 소통이 되어야 한다. 나의 정보가 상대에게 들어가서 변화를 일으키고, 상대의 반응이 나에게 들어오고, 다시 나에게서 반응을 일으켜 서로에게 없던 더 좋은 결과물을 만들어 내는 것이 바로 좋은 보고다.

보고는 보고받는 사람을 설득하는 것이다

상사가 현재 당신이 진행하고 있는 업무 상황을 보고해달라고 요청했다. 그래서 보고를 하게 되었다면 이 보고는 설득 상황일까, 아닐까? 엄밀하게 말하면 설득 상황이 아니라 정보를 전달하는 상황이다. 나는 알지만 상사는 모르고 있는 내용에 대해 설명하는 일인 것이다.

하지만 보고를 잘 하는 사람들은 모든 보고 상황(이러한 정보 전달형의 보고조차도)을 정보 전달의 측면에서 멈추지 않는다. 모든 보고 상황이 '설득'이라고 생각한다. '설득'이란 상대의 생각이나 태도나 행동에 변화를 일으키는 것이다. 보고의 달인들은 어떤 메시지를 전달하든 그 메시지를 통하여 상대로부터 얻어내고자 하는 생각이나 태도나 행동의 변화가 무엇인가를 늘 잊지 않는다. 단순한 업무 진행 상황 보고에서도 그들은 보고를 하기 전에 다음과 같은 생각을 한다.

- 이번 보고를 통해서 내 업무에 필요한 상사의 지원을 얻어내자.
- 이번 상황을 보고하면서 내 업무를 가볍게 바라보던 기존의 상사의

관점을 바꿔보자.

- 이번 일의 진행 중 클레임을 해결한 부분을 강조하여 보고해서 나에 대한 상사의 신뢰를 강화하자.
- 이번 일의 진행 상황을 잘 알려서 상사가 다음 단계 의사 결정을 하는 데에 도움이 되게 하자.
- 내 업무 진행 상황의 핵심을 잘 전달해서 상사가 그의 상사에게 잘 설명할 수 있게 하자.

조직에서 오가는 모든 정보 중에서 아무런 목적 없이 오가는 정보는 없다. 모든 정보는 '어떤 결정을 하기 위해, 우선순위를 바꾸기 위해, 정보를 얻어 다음 단계의 일에 활용하기 위해, 협조를 구하기 위해, 혹은 관계를 형성하기 위해서' 와 같은 각각의 목적을 가진다. 만약 보고를 통해 전달되는 정보가 그 목적한 바에 적합하지 않다면 그 보고는 아무런 의미가 없어진다.

예를 들어 경영실적 보고를 할 때 평범한 보고자들은 집계한 실적을 회계 용어로 나열할 뿐이다. 조금 더 나아간다 해도 '수고해준 사업부에 감사하며 앞으로도 잘 해보자' 라는 식의 메시지를 전달하는 정도로 끝난다. 하지만 탁월한 보고자들은 다르다. 회계 용어를 사용하여 경영실적 데이터를 정확히 제시하는 데서 끝내지 않는다. 그 자리에 참석한 사람들이 쉽게 이해할 수 있는 용어로 경영의 성과, 문제, 해결 과제와 기대 효과를 이야기한다. 그리고 참석자들이 자신이 현재 자신의 업무에서 해야 하는 것이 무엇인지, 왜 그렇게 해야 하는지를 깨닫고 '정말 그렇게 하고 싶다' 는 마음을 느끼게 한다.

보고는 보고받는 사람을 위한 서비스다

모든 일에는 고객이 있다. 그리고 그 일의 존재 이유는 고객에 대한 서비스다. 고객을 고려하지 않는 일은 오래 가지 못한다. 보고 역시 조직에서 수행하는 일 중의 하나이다. 따라서 고객에 대한 서비스 행위라고 할수 있다. 그렇다면 보고에 있어 고객은 누구일까? 바로 보고를 듣는 상사, 그리고 보고의 내용이 실행될 경우 영향을 받게 될 사람들이다.

평범한 보고자들은 보고를 할 때 자신의 관점에서 자신의 이야기를 한다. 자신의 목표를 달성하려는 의도로만 보고를 대하기 때문이다. 물론 탁월한 보고자들도 자신의 목표를 달성하기 위해 보고를 하기도 한다. 하지만 탁월한 보고자들은 고객의 관점을 놓치지 않는다는 점이 다르다. 즉, 그들은 '상사의 승인을 얻겠다' 는 자신의 목표를 달성하기 위해 상사 입장이 되어 생각한다. 상사의 승인에 필요한 정보들을 생각하고 그 정보들을 보고 내용에 담는다.

평범한 보고자들은 보고를 듣는 상대방이 잘 알아들어야 한다고 생각한다. 하지만 탁월한 보고자들은 상대방이 잘 알아들을 수 있도록 자신이 어떻게 말해야 할지를 생각한다. 상대방이 듣고 싶어 했던 것이 무엇인지, 상대방에게 도움이 될 내용이 무엇인지, 상대방이 쉽게 이해할 수 있는 논리나 사례가 무엇인지를 고민하고 연구하여 말한다.

얼마 전, 모임전문 공간 토즈(Toz)의 대학로 지점에서 하루 내내 회의를 한 적이 있다. 오전 회의를 마치고 점심식사 후에 자리에 돌아왔는데 테이블 위에 박하사탕과 가글액, 그리고 인원 수 만큼의 작은 컵이 놓여 있는 것을 보고 감동을 받았다. 좁은 회의공간에서 오후 미팅을 계속하는 사람들이 입 냄새로 서로 불쾌하지 않도록 세심하게 배려한 것이었다. 그

날 오후 토즈에서 계속된 미팅은 그 작은 서비스로 인해서 더 즐거웠다. 이처럼 작은 배려가 딱딱한 업무나 비즈니스 상황을 즐겁게 만들 수도 있는 것이다.

이제 생각을 바꿔보자. 보고는 어렵고 지루하거나 두려운 것이 아니다. 업무도 어떤 자세로 하느냐에 따라 더 즐겁게 할 수 있듯이 업무 중의 하나인 보고도 하고 받으면서 즐거울 수 있다. 보고는 보고자만을 위한 것이거나 단지 지시받은 일을 수행하는 것이 아니다. 상대방을 돕기 위한 서비스라는 것을 인식하자. 그러면 단순히 말하는 사람으로서가 아니라 앞에 있는 이를 돕는 사람으로서 좀 더 편안해질 수 있다. 또 서비스를 한다는 마음을 가지면 무엇을 위해서, 누구에게 초점을 맞추어, 어떻게 준비해야 하는가가 더 분명해진다.

보고의 효과

지금까지 보고의 달인들이 잘 알고 있는 보고의 다섯 가지 가치를 살펴보았다. 이러한 가치들을 잘 인식하고 보고의 달인이 되면 당신에게 어떤 좋은 일들이 생길까? 탁월한 보고가 가지고 오는 효과를 보고자 관점(개인적 관점)과 상사의 관점(조직적 관점)에서 살펴보자.

보고자 관점
- 자신의 일을 더 효과적으로 추진할 수 있다.
- 조직에서 자기가 하고 싶은 일의 기회들을 더 잘 잡을 수 있다.
- 상사와 좋은 관계를 형성할 수 있다.

- 다른 사람들의 협조를 더 잘 얻을 수 있다.

- 업무 경험을 통한 자기 성장이 일어난다.

상사 관점

- 보다 효과적으로 의사 결정을 할 수 있다.

- 팀원과 좋은 관계를 형성할 수 있다.

- 팀원을 육성시키고 동기부여를 할 수 있다.

- 더 좋은 아이디어를 얻을 수 있다.

- 조직의 생산성이 향상된다.

나에게 적용해보기

1 보고의 가치에 대해 충분히 납득하고 있는가? ☐

2 보고가 왜 필요한지 분명히 인식하고 있는가? ☐

3 내가 왜 이 보고를 해야 하는지 목표로 하는 바가 늘 분명
한가? ☐

4 내 일의 중요한 단계마다 보고 작업이 효과적으로 일어나
고 있는가? ☐

5 나는 상사와 잘 소통하고 있는가? ☐

6 내 보고는 고객인 상사와 주요 인물들을 만족시키는가? ☐

7 나는 내 보고를 듣는 사람들이 나를 어떤 사람이라고 생각
하기를 바라는가? ☐

보고란 무엇인가?

'보고' 란 정확히 무엇일까? '보고' 는 어떻게 이루어질까? 일반적인 보고와 성공적인 보고는 어떻게 다를까? 보고에서는 어떤 장애가 발생될 수 있으며, 그 장애를 어떻게 해소할 수 있는가? 2상에서는 보고의 기본 개념에 대해 알아보자.

보고의 모델 분석

어떤 일에 대하여 배우기 위해서는 먼저 그 일의 본질을 분명히 알아야 한다. 본질을 알아야 그 일을 가장 잘 할 수 있는 방법을 찾아낼 수 있다. 또 발생 가능한 리스크를 사전에 파악하여 방지하거나 발생된 리스크를 통해서 배울 수 있다.

보고를 잘 하는 법을 학습할 때에도 보고의 핵심 요소들과 핵심 요소들 간의 관계를 알면 큰 도움이 된다. 이를 위해 보고의 본질을 보여주고 있는 모델을 살펴보자.

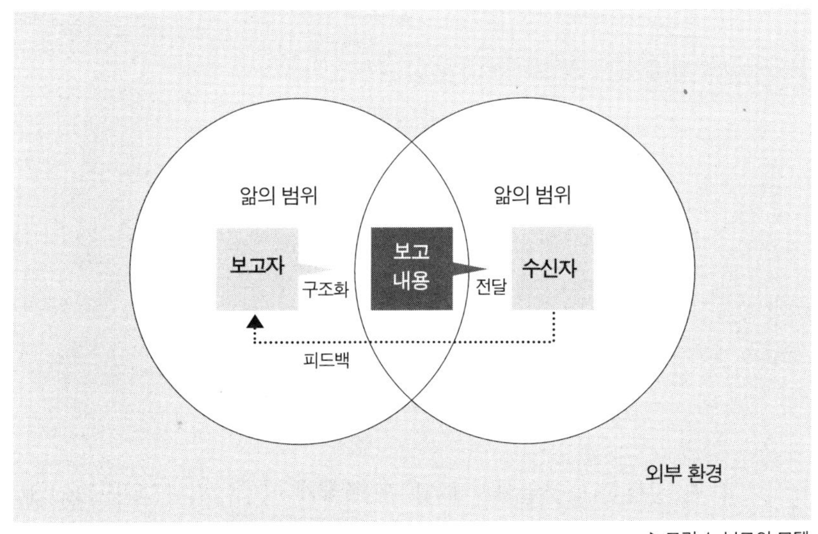

▶ 그림 1. 보고의 모델

- 보고자 : 보고를 하는 사람
- 보고 내용 : 보고자가 자신의 생각이나 정보를 말이나 글로 정리해놓은 것
- 피보고자 : 보고 내용을 전달받고 승인, 합의, 의견 주기 등의 반응을 보이는 사람. 주로 보고자의 직상위자나 차상위자
- 구조화 : 보고자가 자기 생각과 정보를 말이나 글로 정리하는 과정
- 전 달 : 보고자가 보고 내용을 수신자에게 구두로 설명하거나 보고서를 보내는 과정
- 피드백 : 수신자가 보고 내용을 접하고 보이는 반응

- 앎의 범위 : 보고자와 피보고자 각자가 가진 지식과 경험에 따라 각각 형성된 앎의 범위.
- 외부 환경 : 물리적 환경. 보고 장소의 온도나 소음, 방문자, 보고 장비의 상태 등을 의미함.

그림에서 볼 수 있듯이 보고란 '보고자가 자신이 말하고자 하는 바를 구조화하여 수신자에게 전달하는 행위'다. 그 의미를 조금 더 깊게 들여다보면 보고는 '수신자로부터 자신이 의도했던 피드백(승인, 합의, 의견 등)을 얻어내기 위해, 자신이 말하고자 하는 바를 설득력 있게 구조화하여 수신자에게 흡인력 있게 전달하는 행위'다.

일반적인 보고와 성공적인 보고의 차이

어느 조직이나 일의 진행을 위해서는 수많은 보고가 이루어지기 마련이다. 그런데 보고를 '귀찮아도 해야만 하는 업무' 정도로 생각해서 매일 일반적인 보고를 하는 사람들이 있는가 하면, 보고를 자신의 능력 향상과 브랜드 형성에 잘 활용하며 성공적인 보고를 하는 사람들도 있다.

일반적인 보고와 성공적인 보고의 차이는 무엇일까? 이 둘을 구별하는 1차 기준은 '내가 얻고자 하는 바를 상대로부터 얻어 내었는가?' 하는 것이다. 수신자인 상사 입장에서 성공적인 보고란 무엇인지 생각해보자. 자신이 지시했던 내용이 알아보기 쉽게 간결하게 정리 설명되고, 미처 생각하지 못했던 아이디어까지 제시되어 자신의 일에 도움이 되는 보고일 것이다. 보고자인 팀원 입장에서 좋은 보고란 무엇일까? 그 보고를 통해서 보고자 자신이 의도했던 바를 달성하는 보고다. 즉 상사로부터 자신이 얻고자 했던 승인, 합의, 지원 등의 피드백을 얻어내는 보고가 성공적인 보고다.

성공적인 보고를 구별하는 2차 기준은 '보고자에 대한 수신자의 신뢰를 강화했는가?' 하는 것이다. 외부 프레젠테이션은 성공 여부에 따라서 일회성으로 끝날 수 있다. 그러나 상사와 부하 간에 일어나는 보고는 다르다. 성공 여부에 관계없이 그 행위가 반복되며 앞선 보고에서 쌓인 신뢰가 그 다음 보고에 큰 영향을 미친다. 그래서 성공적인 보고란 이번 보고의 목적 달성만을 하는 것이 아니라 다음 보고를 위한 신뢰의 기반을 다지는 보고다.

보고자와 수신자는 앎의 범위가 다르다

보고의 과정에서 반드시 잊지 말아야 할 것은 보고자와 수신자 각각이 가진 '앎의 범위'가 서로 일치하지 않는다는 사실이다. 예를 들어 CI라는 약자 용어를 쓸 때 어떤 사람은 그 의미를 'Cost Innovation'으로 이해하지만, 어떤 사람은 'Corporate Identity'로 이해한다. 서로 가지고 있는 지식이나 정보의 범위가 다르기 때문이다. 앎의 범위가 서로 공유되는 맥락에서는 대부분의 용어들이 거의 정확하게 이해될 수 있다. 하지만 서로가 가진 앎의 범위가 많이 다를 때에는 문제가 생긴다. 그런 경우에 우리는 대화를 하면서 '왜 이 사람은 이렇게 내 말을 알아듣지 못할까?' 혹은 '저 사람은 지금 도대체 무슨 이야기를 하고 있는 거지?' 라는 생각을 자주 하게 된다.

사실 대화 과정에서 일어나는 의미의 불일치는 지극히 당연한 현상이다.

어떤 누구도 서로 '앎의 범위'가 일치하지 않기 때문이다. 이렇게 당연한 불일치를 두고 답답해하거나 불편해하고만 있다면 일의 해결에 별 도움이 되지 않는다. 그럴 시간에 불일치를 해소할 수 있는 방법을 찾는 것이 현명한 행동이다. 불일치를 해소하는 방법은 상대방과 나 사이에 '소통하고자 하는 내용과 관련된 앎의 범위'의 교집합을 크게 만드는 것이다. 즉 상대와 나의 앎의 범위를 공유할 수 있는 여지를 확장시키는 것이다.

'앎의 범위'의 교집합을 크게 만드는 데에는 세 가지 방법이 있다. 첫째는 자기 경험과 지식의 확장이다. 즉, 자기가 알고 있는 앎의 범위를 넓히는 것이다. 정보 수집과 독서 등을 통해 조직, 상사, 일에 대한 경험과 지식을 더 넓히고 깊게 만드는 일이다. 그래서 상대가 어떤 사람이든 간에 상대에게 맞추어 내용을 구조화하는 것이 가능하도록 스스로의 역량을 발전시키는 방법이다.

둘째는 상대방을 더 깊게 이해하는 것이다. 그 사람이 어떤 경험을 가지고 있고, 현재 어떤 상황에 있고, 어떤 특성을 가진 사람인가를 파악하여 그가 이해하고 수용할 수 있는 범위 내에서 보고 내용을 구조화하고 전달하는 것이다.

셋째는 상대방과 현재 상황에 대한 이해력과 수용성을 키우는 것이다. 자신이 아무리 노력한다 해도 상대방과 상대방이 처한 상황을 100% 파악할 수는 없다. 그러므로 우선 자신이 이해하지 못하는 부분이 있을 수 있음을 인정하라. 그리고 상대방이 하는 말이나 그가 나의 말에 대해서 보이는 반응을 일단 받아들인 후에 다시 생각해 본다. 즉 상대의 언어와 비언어적 반응들을 경청하고 질문을 던져서 상대의 생각을 명확하게 이해하려고 노력하는 것이다. 또 그 후에 자신이 이해한 바를 전달하여 상대가 더 명료하게 자기 생각을 전개하고 표현할 수 있도록 도울 수 있다.

첫 번째 방법인 자기 경험과 지식의 확장은 결국 자기계발이라 할 수 있다. 한 조직 내에서 성공한 사람들은 그 조직에서 누구보다 직·간접적 경험을 많이 한 사람이다. 그들은 다른 누구보다 그 조직에 대해 잘 알고 있다. 따라서 첫 번째 방법을 사용하는 것은 보고를 잘 하게 되는 것 뿐 아니라 스스로의 발전에도 많은 도움이 된다.

세 번째 방법인 수용성 키우기 역시 자기계발 방법이다. 끊임없이 자신을 성장시켜 가는 사람은 자신의 것과 다르다고 해서 거부감을 갖거나 배척하지 않는다. 열린 마음을 가지고 늘 새로운 것을 배우고, 타인으로부터도 배우고자 한다. 첫 번째 방법과 세 번째 방법은 굳이 보고를 잘하기 위해서가 아니더라도 자신의 성장을 위해서 적용해가야 할 방법들이다.

두 번째 방법인 상대방에 대한 이해 확장은 어떻게 할 수 있을까? 오래 같이 일한 상사라면 그를 이해하는 것이 그리 어려운 일은 아니다. 경험을 통해 어느 정도 파악할 수 있기 때문이다. 하지만 새로 만난 상사라면 어떻게 파악할 수 있을까? 쉽지 않은 일이다. 이 어려움을 슬기롭게 극복한 김 팀장의 사례를 통해서 그 방법을 배워보자.

모회사의 디자인실을 책임지고 있는 김 팀장은 업무상 임원에게 보고를 할 기회가 잦았다. 그런데 어느 날 새로운 임원이 상사로 오자 고민이 생겼다. 한 달 후쯤 그 임원의 승인이 꼭 필요한 중요한 보고가 있었기 때문이다. 새로운 임원은 외부에서 영입되어 왔기 때문에 김 팀장에게는 그 임원에 대한 정보가 없었다. 고민하던 김 팀장은 미리 가벼운 보고 건들을 만들어서 새로 온 임원과 대면할 기회를 자주 만들었다. 그리고 임원이 디자인과 디자인실의 기능에 대해서 어떤 관점을 가지고 있는지, 보고를 받거나 대화를 할 때 어떤 점을 중요하게 보는지, 그가 말하는 스타일은 어떤지를 눈여겨보았다. 이런 노력으로 한 달 후 김 팀장은 중요한 보고를 성공적으로 끝낼 수 있었다.

위의 사례에서 볼 수 있는 것처럼, 상대방을 잘 아는 방법 중 가장 효과적인 것 중의 하나는 그가 말하고 글을 쓰는 방법을 직접 관찰하는 것이다. 말과 글에는 그 사람의 내면이 표현되고, 그가 선호하는 방식이 나타나기 때문이다. 사용하는 단어의 종류와 수준을 보면 그의 전문지식을 알 수 있고, 말을 하는 빈도를 보면 외향적인지 내향적인지를 알 수 있다. 또 그가 하는 질문의 종류를 보면 그가 무엇을 중요하게 여기는가를 알 수 있고, 그가 하는 질문의 순서를 보면 그가 보고를 들을 때에 무엇부터 듣기를 선호하는가를 알 수 있다. 만약 직접 관찰하는 것이 어렵다면, 그 사람을 잘 아는 사람에게 물어보는 방법으로도 이러한 정보를 구할 수 있다.

성공적인 보고의 준비 단계

성공적인 보고는 철저한 준비를 통해서 이루어진다. 철저한 준비란 열심히 준비하는 것이 아니라 효과적으로 준비하는 것이다. 준비 과정은 해당 보고가 상사가 지시한 보고인지, 보고자 스스로 기획한 보고인지에 따라 차이가 있다. 다음은 성공적인 보고를 준비하는 효과적인 단계이다.

상사가 지시한 보고

1. 상사의 보고 지시 의도를 파악하기

2. 보고 전략 세우기

3. 보고 내용의 논리 구조화하기

4. 보고 시나리오 구상하기

5. 보고서 작성하기

6. 리허설

보고자 스스로 기획한 보고

1. 자신의 보고 의도 파악하기

2. 보고 전략 세우기

3. 보고 내용의 논리 구조화하기

4. 보고 시나리오 구상하기

5. 보고서 작성하기

6. 리허설

보고는 어떤 일을 진행시키거나 완성하려는 필요에 의해서 일어나는 것이다. 따라서 이 보고를 필요로 하는 사람의 니즈를 명확히 파악하는 것에서부터 시작되어야 한다. 따라서 상사의 지시에 의한 보고라면 보고 지시를 한 상사의 의도 파악이 우선되어야 한다. 만약 지시 없이 보고자 스스로 기획하는 보고라면 보고자 자신의 의도가 명확해야 한다. 이 내용에 대해서는 2부 1장과 2장에서 각각 다루었다.

보고 전략 수립 단계는 보고를 성공시킬 수 있는 아이디어를 찾아내는 단계다. 보고 전략 수립은 E.C.O.R 분석을 통해서 효과적으로 수행할 수 있다. E.C.O.R은 각각 보고의 환경(Environment), 보고의 핵심 메시지 설정(Core Message), 보고의 목표(Objective), 수신자 분석(Receiver)을 가리킨다. 이 항목들을 통해서 나온 정보들을 종합해보면 어떤 내용과 순서로 구성해서 어떻게 전달해야 할 것인가에 대한 아이디어를 끌어낼 수 있다. 이 내용에 대해서는 2부 3장에서 다루었다.

보고를 잘 하려면 보고 내용의 논리를 구조화하는 단계가 필요하다. 논리 구조화 단계의 목적은 보고 전략 수립 단계에서 설정한 핵심 메시지를 설득력 있게 설명하기 위한 것이다. 물론 논리만 갖춘다고 보고가 반드시 성공하는 것은 아니지만, 논리적 전개는 보고 내용을 정리하는 기본 조건이다. 대부분의 보고에서 내용 전개에 필요한 논리란 100%의 정밀한 논리가 아니다. 상대방에게 효과적으로 이해될 수 있는 논리이다. 바로 수신자 지향적인 논리다. 보고를 받는 사람의 관점을 고려하며 논리를 개발하는 것이다. 이를 위해서는 피라미드 구조를 응용하여 메시지를 정리해보면 효과적이다. 이 내용은 2부 4장에서 상세하게 다루었다.

그 다음은 보고 시나리오를 구상하는 단계이다. 이는 보고를 할 때 보고자가 하려는 말의 시작부터 끝까지의 흐름을 만들어보는 단계이다. 혹은 수신자가 보고서를 읽을 때 쉽게 이해하고 핵심을 파악할 수 있도록 효과적인 흐름을 구상해보는 단계이다.

시나리오에는 청각적 정보(보고자의 설명)와 시각적 정보(보고서의 내용)의 흐름이 일치되어야 한다. 또 수신자의 생각의 흐름과 보고서의 흐름도 일치되는 것이 좋다. 그래야 메시지가 보다 더 효과적으로 전달될 수 있다(이 내용은 2부 6장에서 더 상세하게 다루었다).

다음은 보고서 작성 단계다. 이 단계는 구두 보고를 하는 경우에는 생략된다. 문서로 보고를 하는 경우에만 필요한 단계로, 한 장에서 수십 장까지도 작성할 수 있다. 하지만 가능한 짧게 작성하는 것이 효과적이다. 최근 보고서 작성을 하지 않는 간략한 보고를 추구하는 조직이 늘고 있다.

보고서 작성은 사안의 중요성에 따라서 외양을 다듬는 데 들어가는 노력이 달라진다. 보고서 작성의 좋은 점 중 하나는 보고 내용을 글로 표현하는 과정을 거치면서 보고자의 생각이 더 명료해진다는 것이다. 보고 내용을 효과적으로 작성하는 보고서 작성에 대해서는 2부 7장에서 다루었다.

다음은 리허설 단계이다. 실제 보고를 수행하기 전에 실제처럼 연습을 해보는 것이다. 머릿속에서 생각한 것, 혹은 보고서로 작성한 것을 말로 표현해보면 연결이 매끄럽지 않은 부분이 발견되기 마련이다. 또한 예상되는 수신자의 질문도 파악할 수 있다. 보고의 실제 수행에서 무엇보다 중요한 긴장감 조절에도 리허설이 많은 도움이 된다. 흡인력 있는 보고를 가능하게 하는 효과적인 리허설 방법은 3부에서 자세하게 다루고 있다.

Strategizing
성공적인 보고를 위한 준비
Part
02

상사의 지시 의도를 파악하라

성과가 잘 나오지 않아 고민하는 사람이라면 그 일의 목적을 제대로 파악하고 있는지 점검해 보아야 한다. 목적이란 자신이 실현하고자 하는 일이나 나아가려는 방향을 의미한다. 목적이 분명하지 않으면 그 일을 진행하는 과정에서 방해 요소가 나타나거나 변화가 생겼을 때 방향성을 잃고 헤매기 쉽다. 보고도 마찬가지다. 보고의 목적을 파악하기 위해 가장 먼저 해야 할 것이 바로 상사의 지시 의도를 아는 것이다.

지시 내용이 아니라 지시 의도를 들어라

보고 준비를 시작하는 가장 첫 번째 단계는 상사의 보고 지시 의도를 분명하게 파악하는 것이다. 보고를 요구하는 사람은 상사이다. 상사가 보고하라고 지시한 내용과 그 내용을 지시한 상사의 의도가 일치하면 좋을 것이다. 그러나 안타깝게도 실무에서는 그런 경우가 많지 않다. 많은 상사들이 여러 가지 이유로 보고 지시를 상세하고 명확하게 하지 않거나, 하지 못한다. 혹은 상사가 명확하게 지시를 했다 하더라도 상사와 보고자의 앎의 범위가 달라서 같은 내용을 두고 서로 다르게 이해할 수 있다.

따라서 상사의 보고 지시를 받을 때에는 들리는 그대로의 표면적 지시 내용만이 아니라 그 안에 들어있는 지시 의도를 잘 파악해야 한다. 최 과장의 사례를 통해 '보고지시 의도의 명확화'가 무엇인지 그 의미를 살펴보도록 하자.

최근 기획팀에서 인사팀으로 옮겨온 최과장. 그에게 떨어진 첫 번째 과제는 '사내 직무기술서의 수정 작업'이었다. 팀장은 최 과장에게 이에 대한 작업 계획을 세워 보고하라고 지시했다. 그러면서 이 직무기술서 수정 작업은 원래 내년에 하려고 했던 것인데 현업 관리자들의 요청에 따라 작업 일정을 앞당기게 됐다고 덧붙였다. 그래서 가능한 빨리 진행되었으면 한다는 것이다.

그대로 지시를 끝내려는 팀장에게 최 과장은 의문점이 많았다. 먼저 현업 관리자들이 직무기술서 수정을 요청하는 '이유'가 무엇인지 질문했다. 팀장의 대답은 다음과 같았다. 2년 전 제작된 직무기술서가 현업의 최근 상황을 잘 반영하고 있지 못하다는 것이었다. 이러한 질문 과정을 통해 최 과장은 현업 관리자들이 최근 팀원들에게 업무 과제를 부여하는 일에 애로 사항이 많다는 사실을 알게 되었다.

최과장은 또 의문 사항이 생겼다. 관리자들은 예전에도 계속 팀원들에게 업무 과제를 부여해 왔을 텐데 최근에 굳이 문제가 되는 이유는 무엇일까?

팀장은 잠시 생각하더니 경력사원들이 많이 들어오고 사업이 확장되면서 기존의 직무기술서가 기능을 하지 못하기 때문인 것 같다고 대답했다.

최 과장은 일단 직무기술서 수정 작업 계획을 3일 내로 1차 보고 하기로 했다. 그리고 바로 다음 날 안면이 있는 현업의 관리자 몇 명을 대상으로 간략한 전화 인터뷰를 했다. 최 과장은 인터뷰를 통해 현업의 관리자들이 실제로 필요로 하는 것은 직무기술서의 수정이 아니라 부하직원들에게 설득력 있게 과제를 부여하고 목표를 설정하도록 하는 '성과관리의 문제'라는 것을 확인하였다.

최 과장은 이와 같은 조사 결과를 바탕으로 직무기술서 수정을 한 축으로 포함하는 '현업 관리자 성과관리 리더십 프로그램 개발 필요성'을 보고했다. 이것이 바로 현장의 요구이며 팀장이 원래 지시한 '직무기술서 수정'의 의도를 가장 잘 달성할 수 있는 방법이라고 설명했다. 그리고 이에 대해 팀장과 상호 합의할 수 있었다.

만약 위 사례에서 최 과장이 상사의 지시 내용 그대로 '직무기술서 수정 작업 계획'을 세워서 보고했다면 어떻게 됐을까? 팀장은 '직무기술서 수정 작업 계획'이라고 보고 지시를 했지만 실제의 의도는 현장의 관리자들이 겪고 있는 문제를 해결하고 싶었던 것이었다. 그러나 그 해결안이 무엇인지 팀장 스스로도 명확하지 않은 상태였다. 그 상황에서 지시받은 그대로 직무기술서 수정 작업 계획을 세우고 진행했다면 그의 작업은 현재의 문제 해결에 별로 도움이 되지 않았을 것이다. 또 그로 인해서 부가적인 작업을 수행해야 했을 것이다.

1장에서 살펴보았듯이 보고는 상사를 고객으로 하는 서비스 행위다. 고객의 니즈를 분명하게 파악하지 못한 서비스가 실패하는 것처럼 상사의 의도를 제대로 알아차리고 충족시키지 못하는 보고는 실패할 수밖에 없다. 즉 보고 지시의 실제 의도를 잘 파악해야만 보고자가 상사를 만족시킬 수 있는 것이다. 그래야만 보고를 준비하고 실행한 과정에서의 노력과 결과에 대한 대가를 얻을 수 있다.

지시 의도 파악이 어려운 경우와 그 해법

상사의 의도 파악이 이렇게 중요한데 왜 보고자들은 그것을 잘 하지 못하는 것일까? 일단 상사의 보고 지시 파악이 어렵기 때문이다. 상사의 보고 지시 의도 파악이 어려운 경우는 다음과 같이 네 가지 정도로 정리된다.

첫째, 상사에게도 분명한 보고 지시 의도가 없는 경우다. 상사 역시 자신의 상사로부터 모호한 보고 지시를 받았거나, 아직 머릿속에서 아이디어를 만들고 있는 단계라서 명확한 의도가 없는 경우이다.

둘째, 상사가 보고자의 능력을 파악하기 위해 일부러 지시 의도를 명확히 밝히지 않고 일을 맡겨 보는 경우다. 어떤 사람이 새로운 직무를 맡았거나, 신규 혹은 경력 입사를 했거니, 또 승진을 한 경우 그 사람이 일에 대처하는 능력을 알아보기 위해서 상사는 포괄적인 보고 지시를 할 수 있다.

셋째, 상사의 화법이 원래 모호해서 한 번에 알아듣기 힘든 경우다. 이런 유형의 상사는 보고 지시를 할 때만이 아니라 평소에도 자신의 의사를 표현할 때 명료하게 하지 못한다.

넷째, 보고자가 상사의 말을 잘 이해하지 못했음에도 불구하고 자신의 두려움 때문에 상사에게 질문을 하지 못하는 경우다. 즉 정보 부족이나 듣기 능력 부족으로 잘 알아듣지 못한 상태지만, 질문을 하게 되면 상사가 자신을 바보 같다고 여기거나 공격적인 사람이라고 오해할지 모른다는 두려움에 대충 지레짐작을 해버리는 경우이다. 이럴 때는 각 경우별로 적절한 대처가 필요하다.

첫째 경우의 해법 – "상사의 생각 전개를 도와라!"

　상사 본인도 분명한 보고 지시 의도가 없는 경우, 가장 중요한 것은 상사가 자신의 생각을 잘 발전시킬 수 있도록 돕는 것이다. 마치 캐묻는 듯이 질문해서 상사를 곤란하게 만들거나, 아니면 지나치게 배려하여 혼자 나름대로 보고서를 완성해 버리는 것은 바람직하지 않다. 상사가 비록 자신의 보고 지시 의도를 명확하게 표현하지 못했다 하더라도 보고가 필요하다고 판단한 어떤 문제가 있는 것은 확실하다. 그리고 상사는 그 문제를 적절하게 해결하고 싶어 하는 상태일 것이다. 이 때는 부하 직원으로서 상사를 도와야 한다.

　분명한 보고 지시 의도가 없는 상사가 자신의 생각을 잘 발전시킬 수 있도록 도와주면 보고자 자신에게는 어떠한 좋은 점이 있을까? 무엇보다 보고자는 상사의 신뢰를 얻을 수 있다. 우리는 대화를 하면서 자신의 생각이 명쾌하게 정리가 되면 상대방에게 매우 긍정적인 느낌을 갖게 된다. 대개의 상사들은 그런 사람과 같이 일하고 싶어 한다. 자신의 부족한 부분을 드러나지 않게 잘 보완해주는 팀원을 원하기 때문이다.

　반면 모호한 보고 지시를 받고 몇 번의 질문을 해봐도 상사에게서 뚜렷한 지시 의도를 발견할 수 없을 때가 있다. 그때는 탐색 질문을 계속 던지기보다 "검토 후 ～까지 1차 보고 드리도록 하겠습니다."라고 한 후 일단 그 자리를 물러나오자. 그리고 빠른 시간 내에 초안을 작성하여 상사와 다시 대화를 해보는 것이 바람직하다. 상사 자신의 아이디어가 명확하지 않은 경우 계속 질문을 한다고 해서 그 자리에서 명확한 보고 지시가 나오지는 않기 때문이다. 자리를 물러 나온 뒤 그 다음에 하는 1차 보고는 보고서의 완성도가 중요한 것이 아니다. 보고의 큰 틀이나 하나의 중요한 아이디어, 그리고 접근 대안들을 찾아서 빠른 시간 내에 상호 논의하여 상사와 함께 보고의 방향을 설정할 수 있도록 하는 것이 중요하다.

둘째 경우의 해법 – "보고를 통해 당신의 능력을 보여주어라!"

상사가 보고자의 능력을 파악하려고 일부러 모호한 지시를 하는 경우, 보고자의 주도적이고 체계적인 업무처리 능력을 보여주는 것이 가장 중요하다.

상사가 이러한 의도를 가지고 있는 경우에는 보고자가 다시 질문을 하더라도 대개 "알아서 해봐."라고 말을 아끼는 경우가 많다. 첫째 경우는 상사의 표정이나 말투에 머뭇거림이 있지만 이 경우에는 머뭇거림이 없다. 오히려 여유롭고 호기심 있는 표정으로 보고 지시를 한다.

이때 보고자가 대처할 수 있는 가장 좋은 방법은 다음과 같다. 초기에 적절한 탐색 질문으로 상사의 보고 지시 의도를 파악한 후, 자신의 역량을 최대한으로 발휘하여 소신껏 보고 작업을 수행하는 것이다. 보고는 업무에 대한 전문 지식, 일에 대한 열정, 다른 사람을 활용하는 능력, 일의 프로세스와 개념을 구조화하는 능력, 자신이 생각하는 바를 타인에게 흡인력 있게 표현할 줄 아는 능력을 포함하는 종합적인 역량이다. 내재된 역량을 가장 잘 보여줄 수 있는 활동 가운데 하나인 것이다. 그래서 상사들은 보고 지시를 수행하는 팀원의 행동과 보고의 내용을 보면서 팀원의 역량을 자주 평가한다.

　　　　　　　　　　　PART 2 | 성공적인 보고를 위한 준비

셋째 경우의 해법 – "모호함을 명확함으로 바꾸는 것은 보고자의 책임이다!"

상사가 보고를 지시하는 의도가 분명히 있음에도 불구하고 화법이 모호하여 분명하게 표현하지 못하는 경우, 적절한 탐색 질문을 활용하여 상사가 자신의 의사를 명확하게 표현하도록 돕는 것이 중요하다. 상사의 지시가 모호했다고 해서 자신의 보고까지 모호하게 해서는 안 된다. 모호한 보고는 상사의 책임만이 아니라 보고자의 책임이기도 하기 때문이다. 상사의 모호한 표현 때문에 불편하고 짜증이 나기는 하겠지만 사람이 오래 몸에 밴 화법을 바꾸기는 쉽지 않다. 그러한 상사에게는 구체적인 질문을 적절하게 던지며 적응하는 것이 현명하다. 이러한 탐색 질문을 잘 하는 방법을 지금부터 살펴보자.

탐색 질문을 할 때 중요한 것은 상사가 불쾌하지 않도록 예의바르게 하는 것이다. '무슨 뜻이지요?', '좀 더 명확하게 지시를 해주시면 안 될까요?' 와 같은 표현은 공격적으로 느껴지거나 비꼬는 것처럼 들린다. 예의바른 태도로 다음과 같이 용어의 의미를 명확히 확인하거나 보고의 목적, 방향성, 일정 등을 분명히 파악하는 질문을 던져보도록 한다.

용어의 의미를 확인하는 질문은 '그게 무슨 뜻입니까? 라고 직접적으로 묻기보다 다음과 같이 자신이 이해한 바를 한 번 반복하면서 질문하는 것이 효과적이다.

- 말씀하신 ○○은 ~라는 뜻입니까?
- 그럼 제가 내일까지 ○○한 내용으로 보고 드리면 되겠습니까?
- ○○라면 A를 말씀하시는 것인가요, B를 말씀하시는 것인가요?

또 보고 지시의 목적, 방향성, 일정 등을 명확히 파악하기 위해서는 다음과 같이 구체적으로 질문한다.

- 팀장님이 보시기에는 사업부장님이 무엇을 가장 중요하게 보시는 것 같습니까?
- 지난번 ○○ 보고와는 어떤 점에서 다르게 접근하면 좋겠습니까?
- 어떤 내용을 꼭 포함시키면 좋을까요?
- 이번 수요일까지 보고 드리면 되겠습니까?
- 내부 보고용으로 약식으로 준비를 할까요, 외부용으로 형식을 갖춰서 작성을 할까요?
- 그렇다면 이번 보고에서는 ABC 세 가지 측면에 초점을 맞추도록 할까요?
- 이번 보고에서는 ~는 고려하지 않는 것이 바람직하겠지요?
- 세 페이지 분량으로 작성하면 되겠습니까?
- 이 보고가 어디에 영향을 미치게 될까요?
- 특히 재무 분석이 중요하겠지요?

넷째 경우의 해법 – "자신의 무지함을 활용하라!"

혹시 상사가 자신을 바보같이 여기지 않을까 하는 두려움 때문에 질문을 하지 않고 넘어갔던 적이 있는가? 그렇다면 지금부터 생각을 바꾸자. 자신이 아직 경험하지 못한 일에 대해 잘 모르는 것은 당연하다. 오히려 질문할 수 있다는 것은 용기다. 때로 평범한 질문이 문제의 해결책을 찾아내기도 한다. 무엇을 잘 모를 때는 그냥 넘어가지 말고 질문을 하자.

그 질문이 다른 사람들에게까지 도움이 되는 경우가 많다. 다음 예를 보며 질문의 힘을 확인해보자.

어느 컨설턴트가 고객사의 임원 회의 진행의 비효율성에 대해 컨설팅을 하고 있었다. 그는 고객에게 다음과 같은 질문을 했다. "그 회의의 안건은 어떻게 만들어지나요?" 고객은 "사장실에서 안건이 내려온다."고 답변했다. 컨설턴트는 이어서 사장실에서 그 안건이 어떻게 만들어지는가를 물었다. 고객이 그 사실을 확인하던 중 모두가 짐작하고 있던 것과는 다른 사실이 밝혀졌다. 회의 안건은 사장이 직접 지시한 것이 아니라 사장 비서실에서 회사 전체의 주요 의견을 취합한 것이었다. 그동안 회의 시간이 턱없이 부족할 정도로 안건이 많았는데 사장의 지시 사항이라고 생각해서 그 안건들을 다 다루고 있었던 것이다. 임원회의의 비효율적인 진행 원인은 바로 거기에 있었다. 사실 컨설턴트도 회의 안건이 어떻게 만들어지는지 정말 몰라서 그 질문을 던졌을 뿐이었다. 그런데 그 무지함에서 나온 질문이 문제의 본질을 파악하게 해준 것이다.

상사와 대화를 나누다가 무언가 이해되지 않을 때에는 두려워하지 말고 질문을 해보라. 질문을 하는 당신의 명확함과 당당함이 오히려 상사에게 좋은 이미지를 전달할 것이다. 당장의 부끄러움을 피하느라 시간과 자원을 낭비하며 엉뚱한 일을 수행하면 결국에는 상사의 더 큰 신뢰를 잃어버리게 된다.

만약 정말 불가피하게 질문을 할 수 없는 경우라면, 상사의 의도를 가장 잘 알고 있을 것이라고 판단되는 사람에게 질문을 하고, 빠른 시간 내에 1차 보고를 해서 상사의 의도를 명확하게 파악하는 것이 중요하다.

상사의 의도를 명확히 파악하는 방법

세 번 이상 "Why?" 질문을 하라

상사의 지시 의도를 파악하려고 할 때 적어도 세 번 이상 '왜'라는 질문을 던져보라. '왜 그러한지', '왜 그것이 필요한지', '왜 그런 일이 생겼는지' 등에 대해서 세 번 이상 '왜'라는 질문을 던져보면 상사의 보고 지시 의도가 그 모습을 드러낸다. 앞에서 얘기했던 사례에서도 최 과장은 팀장에게 직무기술서 수정 작업을 '왜' 해야 하는지, 현업의 관리자들이 '왜' 직무기술서를 요구하는지, '왜' 그것이 최근에 더 문제가 되는지 세 번의 '왜' 질문을 했다.

'왜' 질문이 자칫 공격적이거나 추궁하는 질문처럼 생각될 수 있다. 이는 상대방을 부담스럽게 할 수 있으므로 시선과 목소리에 유의하면서 예의바른 태도로 질문을 해야 한다. 같은 의미의 질문이라도 '왜'라는 표현 대신에 '무엇 때문에'라는 식으로 돌려서 표현하면 한결 부드러운 질문이 된다.

예를 들면, '왜 그 일을 해야 합니까?'라는 질문보다 '그 일을 하면 어떤 점이 달라질까요?'라는 질문이, '왜 그것이 필요하지요?'라는 질문보다는 '팀장님은 어떤 점에서 그것이 중요하다고 생각하시나요?'라는 질문이 더 부드럽다. 부드러운 질문은 상대가 더 편안하게 대답할 수 있게 한다.

이렇게 '왜' 질문을 하게 되면 표면적인 의미를 넘어서서 깊은 속 뜻을 알게 된다. '사업부 회의에 보고할 전년도 리더십 교육 현황을 보고하라.'는 지시를 받은 박 대리의 경우를 보자. 박 대리는 그 의미를 자기 방식대로 이해해서 전년도에 실시된 리더십 교육의 횟수, 인원, 만족도, 비용 등을 종합 정리하여 보고했다가 상사로부터 핀잔을 들었다. 상사의 의도는 전년도 리더십 교육의 주요 결과와 그 결과에 근거한 새로운 리더십 교육 계획 수립의 아이디어를 얻고 싶었던 것이기 때문이었다. 명확하게 지시하지 않은 상사에게도 문제가 있지만 만약 박 대리가 상사에게 '왜' 질문을 던졌다면 불편한 마음으로 다시 보고를 하지 않아도 되었을 것이다.

'무엇에 초점을 맞추어 작성할까요?', '사업부 회의에서 그 자료를 어떻게 사용하실 것인지요?', '전년도 현황이라면 ~과 ~을 보고 드리면 되겠습니까?' 와 같이 '왜' 질문은 지시 사안이나 상황에 따라 적절한 형태로 변형될 수 있다.

상사의 언어와 비언어 모두를 경청하라

보고자가 탐색 질문을 잘 했다고 치자. 상사의 대답이 충분히 자기 의사를 표현하고 있는지 어떻게 알 수 있을까? 상사의 모호한 지시가 보고자의 역량을 파악하기 위한 것인지, 아니면 자신도 아이디어가 명확하지 않아서 그냥 해보라는 것인지 어떻게 구분할 수 있을까?

이는 상사가 사용하는 단어나 문장과 같은 언어와, 표정·시선·목소리와 같은 비언어를 함께 관찰하여 판단할 수 있다. 이것이 바로 '경청'이다. 상사가 자기 생각이 분명하지 않을 때에는 눈빛이 흔들리고 목소리의 힘이 평소보다 약해진다. '~~같다,' 라든가 '글쎄', 또는 '현재 내 생각으로는' 과 같은 표현이 대화 중에 자주 나온다. 또 "일단 초안부터 잡아본 후에 이야기를 해보자."라는 식의 말을 자주 한다.

사람마다 사용하는 언어의 강도도 다르다. 어떤 상사의 경우는 "그 정도면 됐다."라고 말하는 것이 극찬인 경우도 있는 반면, 어떤 상사의 경우는 "별로 흡족하지는 않지만 대충 그 정도로 넘어가자."는 뜻일 수도 있다. 그래서 실제로 사용된 언어가 어떤 의미인가 하는 것은 그 사람의 평소 언어와 비언어적 요소들을 함께 살펴보아야 하는 것이다.

경청을 잘 하기 위해서는 기존의 선입견도 버려야 한다. 이 상사가 하는 보고 지시는 대부분 그 다음 날이면 철회되어 버린다거나, 상사가 시키는 대로 해서 제대로 된 적이 없다는 등의 부정적인 선입견, 혹은 상사가 지시하는 그대로만 하면 늘 아무 문제가 없었다와 같은 긍정적 선입견도 보고 지시 의도의 명확한 파악을 방해한다. 경청이란 내 마음속을 하얀 도화지처럼 만드는 것이다. 일단 상대의 말이 내 안에 들어오기 위해서는 내 마음 안에 다른 색깔이 없어야 한다. 우리의 눈과 귀는 마음이 시키는 대로 골라서 보고 듣기 때문이다. 상사의 지시를 들을 때는 다른 선입견이나 예측은 모두 배제하고 상사의 언어와 비언어를 모두 있는 그대로 받아들이려고 노력하라.

상사의 지시와 자기 내면의 일치감을 만들어라

그렇다면 어느 정도까지 상사의 의도를 파악해야 충분히 파악한 것이라 할 수 있을까? 그리고 어느 시점에서 상사의 보고 지시 의도 파악을 종료해도 되는 것일까? 정답은 단순하다. 보고자가 자기 내면에서 일치감을 경험하는 시점까지이다.

누구나 상사의 보고 지시를 받을 때에 머리가 갸우뚱해지거나, 뭔가 의아하거나, 분명하지 않거나, 몸과 마음 어딘가가 불편한 경험을 한 적이 있을 것이다. 그것은 보고자가 무엇을 보고해야 하는지 이해가 불분명한

　　　　　PART 2 | 성공적인 보고를 위한 준비

상태임을 뜻한다. 혹은 무엇을 보고해야 하는지는 이해는 했지만 그것을 왜 해야 하는지에 대한 이해가 부족한 상태이다.

자신의 몸이나 마음 어딘가에서 오는 느낌을 신뢰하라. 생각은 쉽게 제어할 수 있지만 몸과 마음의 느낌은 쉽게 제어할 수 없다. 당신의 몸과 마음에서 뭔가 불편한 느낌이 일어난다면 그것은 무엇인가 좀 더 살펴봐야 한다는 내면으로부터의 메시지이다.

상사의 보고 내용과 그 내용 안에 들어 있는 의도가 아무런 불편함 없이 편안하게 파악될 때 보고자는 자기 안에서 일치감을 경험한다. '어떤' 보고를 '왜' 준비해야 하는가가 명확해지면서 보고 준비를 시작해야 한다는 부담감이나 불편함도 없어진다. 이러한 일치감은 보고 지시 의도를 잘 파악했다는 표시일 뿐 아니라 이후 수행할 보고 준비 작업의 중요한 에너지원이 된다.

나에게 적용해보기

① 당신은 보고 지시를 받을 때에 그 보고 지시에 대해 충분히 납득하는가? ☐

② 보고 지시 받을 때 몸과 마음의 내적 일치감을 경험하는가? ☐

③ 보고 지시를 내리는 상사의 의도를 분명히 파악하는가? ☐

④ 당신이 상사의 의도 파악을 분명히 하지 못하는 경우, 이번 단원에서 소개된 4가지 중 어느 경우에 해당이 되는가? ☐

⑤ 이번 단원에서 소개한 어떤 방법을 적용했을 때 당신이 상사의 보고 지시 의도를 더 잘 파악할 수 있을까? ☐

내 보고와 조직간의
접점을 찾아라

상사의 지시 의도를 파악하는 것 외에 보고 준비에 들어가기 위한 또 하나의 시작점이 있다. 바로 보고자 스스로 보고 의도를 가지는 것이다. 조직 속에서 탁월한 성과를 이뤄내는 사람들은 지시된 보고만 잘 수행하는 사람들이 아니다. 상사의 직접적인 보고 지시가 없더라도 보고할 만한 일을 만들어서 자신이 먼저 상사를 만나는 사람들이다.

자기 주도적 보고는 지시 받은 경우와는 다른 방식으로 보고 준비를 시작한다. 상사로부터 지시가 있을 때는 대부분 상사가 이미 그 건에 대한 중요성을 인지하고 있는 상태이다. 그러나 보고자가 자기 주도적으로 보고를 하는 경우는 상사가 그 건의 중요성을 잘 모르고 있는 경우가 더 많다. 따라서 자기 주도적 보고에서 무엇보다 중요한 것은 내가 하는 보고와 상사나 조직 간의 접점을 찾는 것이다. 그래야 보고가 성공적으로 이

루어질 수 있으며 성과로 이어질 수 있다. 아래 사례에 나오는 김 대리의
상황은 이 점을 파악하지 못한 경우이다.

보고의 벽에 부딪힌 김 대리

　김 대리의 팀은 월 2회 2시간씩 월례 교육을 실시하고 있다. 팀 학습차
원에서 업무 관련 주제를 정하여 전문가를 초청하여 강의를 듣는 것이다.
김 대리의 팀은 3개 파트로 구성되어 있는데 김 대리는 그 중 한 파트에
속해있다. 처음으로 교육 주제를 선정하는 일을 맡게 된 김 대리는 그동
안 늘 해보고 싶던 '비폭력 대화' 교육을 해보려고 마음먹었다. 평소 의
사소통과 대인 관계에 관심이 많았기 때문이다. 그는 몇 개월 전, 개인적
으로 '비폭력 대화'를 외부 전문가에게 배울 수 있었고 그 효과를 몸으로
느끼고 있었다. 그는 자신의 교육 주제에 확신을 가지고 팀장에게 다가갔
다.

　김 대리 : 팀장님. 보고드릴 것이 있습니다. 이번 달 월례 교육 주제는
　　　　　　'비폭력 대화'로 했으면 합니다.
　팀　　장 : '비폭력 대화'라니, 그게 뭔가?
　김 대리 : 대화에 있어서 폭력성을 배제하자는 것입니다. 우리가 하는
　　　　　　많은 대화가 사실은 폭력적이라는 것이지요. 대화를 통해 자
　　　　　　신의 느낌과 욕구를 알아차리고, 표현하고, 더불어 상대의 느
　　　　　　낌과 욕구까지 파악할 수 있다는 내용입니다.
　팀　　장 : 무슨 소리인지 잘 모르겠지만 아무튼 김 대리가 추천하는 주
　　　　　　제니 1~2시간 정도 한 번 들어볼 수는 있겠네. 그렇게 하지.

김 대리 : 그런데 팀장님. 이 주제는 짧은 시간 동안 다룰 수가 없어서 8
시간 정도의 실습 형식의 교육이 필요합니다.

팀　　장 : 8시간이나 시간을 낸다는 것이 쉬운 일이 아닐 것 같군. 비용
도 문제가 되지 않겠나?

김 대리 : 시간은 쉬는 토요일 하루를 교육일로 쓰면 될 것 같습니다.
그리고 매달 2회 하는 교육을 이번 달과 다음 달에는 통합하
여 1회만 운영을 하면 어떨까 싶습니다.

팀　　장 : 글쎄….

이 보고를 하는 상황에서 김 대리의 생각은 다음과 같았다. "이 주제는
정말 우리 팀에 필요한 주제야. 처음에는 토요일을 투자한다는 데 팀장님
이나 팀원들의 불만이 좀 있겠지만 나중에는 오히려 고마워할 거야. 비용
문제 역시 다른 예산을 여기에 좀 투자하더라도 꼭 실시할만한 가치가 있
어." 반면 팀장의 생각은 이랬다. "그런 감성적인 의사소통 교육이 우리
팀의 업무에 왜 필요하지? 팀원들의 가정생활에는 도움이 될지 모르겠지
만 조직 상황에는 잘 맞지 않는 주제 같군. 더구나 8시간이나 할애해서 몇
달 치 교육 예산까지 투자할 만한 가치는 없어."

내 보고와 조직의 접점을 찾아라

위의 사례에서 김 대리와 팀장의 입장 차이가 나타나는 것은 지극히 당
연한 일이다. 동일한 주제에 대해서 조직 내에 있는 사람들이 서로 다른
관점을 갖는 경우는 종종 발생한다. 이때 탁월한 보고자들은 자신이 생각
하는 것에 대해서 사람들이 새로운 관점을 갖도록 돕고, 그것의 중요성을

사람들이 알아차릴 수 있도록 설득을 한다. 그래서 그들은 자신에게 주어지는 일만을 하는 것이 아니라 자기가 중요하다고 생각하는 일을 스스로 만들어내어 조직을 움직인다. 다음의 한 줄은 그들이 사용하는 자기 주도적 보고의 성공 법칙이다. 항상 염두에 두도록 하자.

내가 중요하게 생각하는 것과 조직과의 접점을 찾아라

이 법칙은 어떤 경우에는 적용이 매우 쉽지만 적용이 어려운 경우도 있다. 적용이 쉬운 경우는 '보고자 자신이 중요하게 생각하는 것을 상사도 중요하게 여기는 경우'이다. 이 경우 비록 상사의 지시 없이 스스로 하는 보고이지만 별 어려움이 없다. 보고자가 말을 꺼내는 순간, 상사 역시 '아, 맞아. 안 그래도 내가 그것을 말하려고 했어.'라고 반응을 보이거나 바로 관심을 가지고 검토해 줄 것이다.

반면 적용이 어려운 경우는 '보고자 자신은 중요하게 생각하지만 상사는 중요하게 여기지 않는 경우'이다. 앞 사례의 김 대리가 처한 경우다. 김 대리의 사례를 통해 이 문제를 살펴보자. 그는 '비폭력 대화 교육'이 중요하다고 생각했다. 하지만 상사는 그 주제가 조직에 유용하다고 생각하지 않았다. 바로 이럴 때 김 대리는 '비폭력 대화 교육과 조직 간의 접점을 찾는' 작업을 구체적으로 해보아야 한다. 만약 이 과정에서 김대리가 하려는 보고가 자기에게는 중요하다고 생각되지만 조직에 도움이 되는 바가 없다면 그 보고는 덮는 것이 좋다. 상사들은 개인적 관심과 욕심으로 일을 만드는 부하들을 신뢰하지 않기 때문이다. 그리고 신뢰가 사라지면 중요한 일을 맡기려고 하지 않는다.

하지만 김 대리가 '비폭력 대화 교육과 조직 간의 접점을 찾는 작업'을 해본 결과 조직에 정말 유용하다는 것을 확신한다면, 상사의 생각이 다를지라도 최선을 다해서 상사를 설득해야 한다. 중요한 일임에도 불구하고 상사가 관점의 차이로 그것을 인식하지 못하고 있다면 인식하도록 도와야 하는 것이 보고자의 책임이기 때문이다.

만약 어떤 일이 실제로 조직에 중요한 것이었음에도 상사에게 그것을 제대로 보고하지 않아 문제가 발생했다면 제대로 보고하지 않은 책임을 져야 한다.

상사는 조직의 한정된 자원을 잘 분배하고 최적의 의사 결정을 내려 조직의 목표를 달성해가는 사람이다. 당연히 상사에게는 일의 중요도와 우선순위가 중요할 수밖에 없다. 부하가 자신의 업무 범위 내에서 가장 중요한 일을 보고한다 하더라도 여러 가지 일을 폭넓게 책임지고 있는 상사에게는 그 일이 중요하지 않게 보일 수 있다.

또한 상사라고 해서 항상 모든 것을 다 제대로 꿰뚫고 있는 것은 아니다. 미처 보지 못하는 부분이 있을 수 있다. 부하가 해야 하는 역할 중의 하나는 자신이 담당하고 있는 분야에서 상사의 눈이 되어주는 것이다. 다른 사람들보다 더 밝은 눈을 가진 사람들은 자기 담당 분야만이 아니라 관련 분야까지도 함께 바라보면서 담당 분야에서 추진해야 할 이슈들을 잘 발견해낸다.

상사의 눈이 되고자 하는 노력은 단지 상사와 조직에 도움을 주는 것에서 끝나지 않는다. 그것은 한 조직 속에서 자기 자신을 성장시키는 행동이다. 좀 더 넓은 시야를 확보하는 훈련을 할 수 있으며, 조직이 부여하는 일들만이 아니라 자기가 하고 싶은 일들을 이루어가는 방법이다. 그러한 노력은 조직을 발전시킬 뿐 아니라 자신을 성장시킨다. 어떤 상황에서도 넓은 시야와 주도성을 가지고 자기 삶을 개척해갈 수 있는 역량을 기르게 되는 것이다.

주도적 보고가 어려운 이유와 해결책

이렇게 중요한 작업임에도 불구하고 사람들은 왜 자기 주도적인 보고를 잘 하지 못할까? 그것은 다음과 같은 생각 때문이다.

- 생각 1 : 이미 주어진 일들이 많기 때문에 더 이상의 일을 하는 것이 불가능하다.
- 생각 2 : 우리 조직의 문화가 주도적인 보고를 허용하지 않는다.
- 생각 3 : 나에게 주어진 일 이상을 하고 싶지 않다.
- 생각 4 : 제안하고 싶은 아이디어는 있지만 상사에게 거절당할까봐 두렵다.

생각 1과 생각 2는 단지 개인의 생각이 아니라 현실적인 상황일 수 있다. 하지만 자기 주도적 보고가 의무적으로 주어지는 일을 줄이고 자기가 하고 싶은 일을 할 수 있는 가능성을 높인다는 것을 기억하라. 또한 가치 있는 아이디어를 거부하는 조직은 없다는 사실을 기억하라. 주어진 일을 처리하는 데만 급급할 것이 아니라 시간과 노력을 조금 더 투자하면 상사로부터 가능성을 인정받고 훨씬 주도적인 조직 생활을 할 수 있는 가능성이 생긴다.

생각 3과 생각 4는 자신의 내적인 문제와 관련되어 있다. 주어지는 일만 하고 살면 언제나 주어지는 일만 하게 된다. 회사 업무뿐 아니라 개인적 삶에 있어서도 자기 주도성을 기르기가 매우 힘들다. 일단 제안을 하게 되면 상사로부터 거절당할 확률은 100%가 아니다. 하지만 두려움 때문에 전혀 제안을 하지 않는다면 내 머릿속에 떠오른 아이디어가 그대로 사장될 확률은 100%다. 조직 생활에서 수동성이 커질수록 개인은 조직에서 더욱 무료해지고, 무의미해지고, 그래서 무력해진다. 그러한 개인으로 구성된 조직 역시 역동적으로 변화하고, 성장하기 어렵다. 자신의 조직에서 인정받고 성장하고 싶다면 주도적인 보고를 하려고 시도해 보자. 상사의 보고 지시가 없었더라도 내가 보고하고 싶은 사안이 있다면 아래 질문을 던져보라.

1. 이 보고 주제를 상사가 중요하게 여기고 있는가? ('예' 인 경우에는 '2' 번으로, '아니오' 인 경우에는 '4' 번으로 가라.)
2. 중요하게 여긴다면 상사가 이 주제의 '어떤 점' 을 중요하게 여기는가를 명확히 파악하라.
3. 중요한 점에 초점을 맞추어 보고 준비를 시작하라.
4. 중요하게 여기지 않는다면, 최근 상사가 중요하게 여기고 있거나 조직 내에서 중요해지고 있는 이슈들이 무엇인가를 찾아보라(예 : 상사의 최근 관심사, 상사가 맡고 있는 조직 내 중요한 문제나 달성하려는 목표, 최근 조직 내 주요이슈 가운데 상사와 관련이 있는 것).
5. '4' 번에서 찾아낸 것과 당신이 보고하려는 주제 사이의 관련성을 찾아라.
6. 그 관련성에 초점을 맞추어 보고 준비를 시작하라.

위 4번과 5번이 바로 조직과의 접점을 찾는 과정이다. 이 과정은 사실 단순하다. 내가 하고 싶어하는 일이 조직의 어느 부분에 어떻게 기여할 수 있는가를 명확히 하는 것이다. 그러려면 평소 자기 업무 외의 일에도 관심을 가지고 조직의 주요 동향을 읽어보아야 한다. 다른 곳에서 일어나고 있는 일이 자신의 일과 어떤 관련성이 있는지 관찰해야 한다.

성공한 사람들은 중요한 일을 할 수 있는 기회를 부여받기도 했지만, 남들이 보기에 별로 중요하지 않다고 생각할 일을 중요한 일로 만들거나 중요한 일을 자신의 일로 확보해내는 능력이 있었다는 것을 꼭 기억하자. 조직과 자신의 일 사이의 접점을 찾기 위하여 평소 할 수 있는 노력들은 아래와 같다.

- 회사 · 사업부 · 팀의 중요한 목표와 미션, 주요 이슈들을 매년 · 매분기 · 매월 점검한다.
- 비공식적으로 논의되는 회사, 사업부, 팀의 주요 이슈들도 기록해 놓는다(공식화되지 않은 정보들 속에 중요한 정보가 있을 수 있다).
- 현재 논의되고 있지는 않지만 고객, 경쟁사, 자사의 동향으로 볼 때 향후 중요한 이슈가 될 수 있는 것들을 정기적으로 발견하여 기록해 놓는다.
- 자기 업무와 관련하여 발생하고 있는, 혹은 예상되는 주요 이슈들도 정기적으로 기록해놓는다.
- 다양한 부서, 다양한 분야에서 일하는 사람들과 네트워크를 형성하여 시야를 넓힌다.
- 자기가 하고 있는 일을 늘 새로운 시선으로 바라보고 타인의 피드백

을 열린 마음으로 수용한다.

- 상사뿐만 아니라 차상위자의 시선으로 조직과 자신의 일을 바라본다.

김 대리, 보고의 벽을 넘어서다

김 대리는 그 후에 어떻게 됐을까? 상사에게 자신의 보고를 어떻게 납득시킬까 고심하던 김 대리는 팀장이 최근 팀 내 3개 파트 간의 커뮤니케이션 문제로 고민하고 있다는 점을 떠올렸다. 겉으로 보기에는 참 잘 지내는 듯해서 담당 임원에게 칭찬까지 받은 적이 있는데 실제로는 그렇지 않아서 내심 고민 중이었던 것이다.

김 대리는 '비폭력 대화'라는 추상적인 표현을 없애고 '팀원 간 커뮤니케이션을 활성화하는 대화법'이라는 제목으로 다시 보고서를 작성했다. 또 '자신의 느낌과 욕구를 표현하고 상대의 느낌과 욕구를 알아차린다.'는 막연한 표현을 지우고 '서로의 협력을 필요로 할 때 요청하는 법', '팀 내 갈등이 생겼을 때 오히려 팀워크를 강화하는 기회로 만드는 법'이라는 세부 내용을 소개했다.

또 내용의 특성상 실습이 필요하므로 불가피하게 2개월 동안의 교육예산과 시간을 모두 투입하여 쉬는 토요일 하루를 잡아서 8시간 교육으로 실시하겠다는 계획을 세웠다. 그리고 김 대리의 파트가 주관이 되어 팀원들의 대화를 교육 후에도 계속 모니터링 하겠으며, 정기적으로 팀 회의 시에 일정 시간을 할애하여, 협력적인 대화 문화가 자리 잡도록 노력하여 교육 효과를 만들어내겠다는 구체적인 계획을 담았다.

이를 바탕으로 다시 팀장에게 보고를 했을 때 결과는 어떻게 됐을까? 김 대리는 팀장의 승인을 얻을 수 있었고 교육은 성공적으로 진행되었다. 교

　　　　　　　　　　　　　PART 2 | 성공적인 보고를 위한 준비

육 후에 김 대리는 팀장에게 보고했던 내용들을 실천에 옮겼다. 그 활동들은 김 대리에 대한 팀장의 신뢰를 강화했을 뿐만 아니라, 타 팀원들에 대한 김 대리의 영향력도 커지게 했다. 이를 통해 김 대리는 조직의 중간 리더로서 중요한 커뮤니케이션 역량을 키우는 좋은 기회를 가지게 되었다.

나에게 적용해보기

① 상사가 지시하지 않은 일에 대해서도 스스로 보고를 하는가?　☐

② 보고 기회를 자주 만드는 편인가?　☐

③ 자기 주도적 보고를 할 때에 내가 경험하는 어려움은 무엇인가?　☐

④ 이번 장에서 학습한 어떤 점을 적용한다면, 자기 주도적 보고 시의 그 어려움을 없애거나 완화할 수 있을까?　☐

CHAPTER 03

보고의 전략을 수립하라

어쩌다 한 번씩 보고를 잘 하는 평범한 보고자들이 아니라, 거의 매번 탁월한 보고를 하는 사람들을 잘 관찰해보면 비법이 있다. 평범한 보고자들은 보고 지시가 떨어지면 예전에 있었던 비슷한 보고 자료나 관련 정보를 찾기 시작한다. 하지만 탁월한 보고자들은 먼저 자기 머릿속에 큰 그림을 그린다. 어떤 상황이므로, 무엇에 초점을 맞추어, 어떤 결과를 얻을 수 있도록, 누구에게 보고를 하는 것인가를 분명히 하여 보고 준비를 체계적으로 진행한다. 이러한 '큰 그림 그리기'가 바로 보고 전략 수립이다.

보고 전략 수립은 조직이 사업 전략을 수립하는 것과 유사하다. 조직은 사업의 목표를 성공적으로 달성하기 위해 조직이 가진 자원을 최대한으로 활용하여 경쟁사를 이길 수 있는 차별화된 방안을 고민한다. 이러한 사업 전략처럼 보고에서도 탁월한 보고자들은 자신이 목적하는 바를 가

장 잘 달성하기 위하여 자기가 가진 자원을 잘 점검하고, 수신자를 설득
시킬 수 있는 차별화된 내용과 방식을 먼저 고민하는데, 그것이 바로 ‘보
고 전략 수립’ 이다.

보고 전략 수립을 돕는 E.C.O.R 분석

좋은 보고 전략 수립을 위해서는 아래 네 가지 요소에 대한 분석이 필
요하다.

- E (보고환경 Environment) : 어떤 맥락에서 보고를 하게 되는가?
- C (핵심 메시지 Core Message) : 이 보고의 핵심은 무엇인가?
- O (보고 목표 Objective) : 이 보고를 통해 상대로부터 어떤 결과를 얻
  어내고자 하는가?
- R (수신자 Receiver) : 보고를 들을 사람은 누구이며, 어떤 특성을 가
  진 사람인가?

분석을 하는 특정한 순서는 없다. 하나부터 시작해도 좋고 동시에 분석
할 수도 있다. 예를 들면 목표가 이미 명확한 보고에서는, 목표에 맞는 적
절한 핵심 메시지를 찾아내고 적절한 수신자를 찾을 수 있다. 혹은 이미
수신자와 핵심 메시지를 분명히 공유한 상황에서는 적절한 목표를 찾아
수립하는 일부터 시작하면 된다.

이 네 가지는 어떤 내용을 어떤 방식으로 효과적으로 보고할 것인지에
대한 방향을 잡아준다. 이러한 방향 잡기의 과정이 없이 바로 보고서 작

성에 들어가면 나중에 많은 수정 작업이 발생한다. 그런데 한번 만든 틀을 고치는 것은 처음부터 틀을 만드는 것보다 훨씬 더 어렵다.

E. 보고 환경 분석 – "모든 이야기는 그 맥락에서만 의미가 있다."

보고 환경 분석은 보고와 관련된 환경 요소들을 살펴봄으로써 보고에서 고려해야 할 시사점을 얻어내는 것이다. 아무리 멋진 가구라 하더라도 상대에게 전혀 쓸모가 없거나 집의 전체 분위기에 어울리지 않는다면 선물해도 활용할 수 없고, 상대도 기뻐하지 않는다. 보고도 마찬가지다. 보고의 내용과 전달은 보고 환경에 적절해야 한다. 다음은 보고 환경 분석을 도와주는 질문들의 예다. 각 질문 별로 어떤 시사점을 얻을 수 있는가를 생각해보자.

- 왜 (다른 때가 아닌) 지금 이 보고가 필요한가?
- 이 보고로 인해 영향을 받는 사람들은 누구이며 그들은 어떤 입장을 가시고 있는가?
- 이 보고는 누가 지시했는가?
- 이 보고는 얼마나 중요하며 어디에 영향을 미치는가?
- 이 보고를 왜 내가 하게 되었는가?
- 이전에 이와 유사한 보고가 있었는가?
- 나의 직상위자와 차상위자는 이 보고 건에 대하여 입장이 같은가, 다른가?
- 이 보고는 언제, 어디서, 어느 정도의 길이로 하게 되는가?

   PART 2 | 성공적인 보고를 위한 준비

왜 다른 때가 아닌 지금 이 보고가 필요한가?

늘 월말에 요청하던 보고서를 상사가 셋째 주에 요청했다. 이런 경우 늘 하던 방식으로 보고서 작성을 하지 말고, 상사가 왜 일찍 필요로 하는지 먼저 생각해봐야 한다. 예를 들면 상사는 보고서를 미리 취합하여 더 중요한 보고를 준비하려는 목적이 있을 수 있다. CEO의 현장 방문 등의 행사가 예정되어 있을 수 있는 것이다. 이런 경우 탁월한 보고자들은 CEO의 현장 방문에 초점을 맞추어 상사에게 유용하리라고 생각되는 핵심 사안을 강조하여 보고서를 작성한다.

보고로 인해 영향을 받는 사람들은 누구이며, 그들은 어떤 입장을 가지고 있는가?

자신이 하려는 이 보고로 인해 영향을 받는 이해 관계자들의 입장이나 반응을 고려하지 않으면 추후 보고 내용의 실행 단계에서 어려움을 겪게 된다. 탁월한 보고자는 단지 보고의 대상인 수신자만을 고려하지 않는다. 그들은 영향을 받게 되는 이해 관계자들의 입장까지 고려함으로써 한 발 앞을 내다보며 보고에 포함되어야 할 내용을 찾는다.

이 보고는 누가 지시했는가?

보고를 지시한 사람이 보고에 대한 최종 의사 결정권자인 경우가 많다. 그가 누구인지, 그의 최초의 니즈가 무엇이었는지, 그가 처한 상황이 무엇인지를 명확히 파악하지 못하면 보고의 초점이 맞지 않아 여러 차례 수정하는 작업을 해야 한다. 위로부터 몇 단계를 거쳐서 내려온 보고 지시는 전달 과정에서 서로의 견해와 추측이 첨가되기 마련이다. 따라서 처음의 뜻이 왜곡되기 쉽다. 그러므로 자신에게 주어진 보고가 직상위자의 지시인지, 차상위자의 지시인지, 혹은 또 다른 누군가의 지시인지를 파악하고 각각의 니즈와 특성을 고려할 필요가 있다.

이 보고는 얼마나 중요하며 어디에 영향을 미치는가?

가끔 중요한 보고라 생각하고 많은 시간과 에너지를 투자했는데 별로 쓰이지 못하고 버려지는 허무한 경우가 있다. 미리 자신이 하는 보고의 중요도를 파악하면 가볍게 써도 될 보고서에 쓸데없이 많은 노력을 기울이거나 완벽을 기해야 할 보고서를 대충 제출하는 오류를 범하지 않을 수 있다.

이때 중요도만이 아니라 '무엇 때문에 중요한지', '어디에 영향을 미치는지'도 파악하는 것이 좋다. 그러면 보고 내용의 초점을 어디에 맞추고, 보고서의 완성도를 어느 정도까지 갖춰야 하는지도 결정할 수 있다. 팀 내에서 수시로 일어나는 일상적인 보고라면 정확한 정보를 간략하게 작성하여 빠르게 보고하는 것으로 충분하다. 하지만 외부 고객이나 주주를 대상으로 중요한 의사 결정을 돕는 보고를 하는 경우라면 철저한 검토를 거친 빈틈없는 자료 준비와 세련된 보고서 디자인이 필수적으로 요구될 것이다.

이 보고를 왜 내가 하게 되었는가?

만약 신입사원에게 '조직 활성화 방안'과 같은 큰 주제의 보고가 지시됐다면 어떤 의미일까? 상사는 현실성은 좀 떨어지더라도 구태의연하지 않은 신선한 아이디어를 기대하고 있을 것이다. 그러한 상사의 기대에 맞춰 준비한다면 창의적 아이디어에 초점을 둔 더 좋은 보고를 할 수 있다.

이전에 이와 유사한 보고가 있었는가?

처음 하는 보고라면 보고의 배경을 파악하는 것이 중요하다. 하지만 2차 보고라면 1차 보고에서 약속했던 부분의 진행 경과를 알리면서 보고를 시작하는 것이 좋을 것이다. 기존에 유사 보고가 있었는데 결재를 받지 못했다면 그때의 문제점이 무엇이었는지도 사전에 파악할 필요가 있다.

나의 직상위자와 차상위자는 이 보고 건에 대하여 입장이 같은가, 다른가?

직상위자와 차상위자 모두의 결재를 받아야 하는 보고도 있다. 그런데 직상위자와 차상위자의 입장이 서로 다른 경우가 종종 발생한다. 그 경우 보고자는 양쪽의 입장을 모두 고려해서 잘 조율해야 한다. 직상위자에게 보고하는 것으로 자신의 역할을 끝내버리고, 상사에게 책임을 전가하며 자신의 입장을 명백히 하지 않는 행동은 바람직하지 않다.

이 보고는 언제, 어디서, 어느 정도의 길이로 하게 되는가?

모든 보고에는 마감 기한이 있다. 보고의 마감까지 준비 시간이 얼마나 있는지 고려하지 않으면 적절한 시간 분배를 할 수 없다. 보고의 준비는 적어도 사전에 보고서를 충분히 검토하고, 보고서 없이도 자신의 생각을 구두로 설명할 수 있을 정도가 되어야 한다. 준비 시간을 고려하지 않은 과다한 자료 준비는 보고를 망치게 한다.

어떤 공간에서 하는가에 따라서도 보고에 대한 상대방의 집중도가 달라진다. 어떤 장비를 사용할 것인지, 보고자가 앉아 있을지 서 있을지도 달라진다. 보고의 길이도 사전 파악을 하고 준비하는 것이 효과적이다. 보통 많은 내용을 준비했다가 정작 보고할 때에는 시간에 맞추느라 짧게 보고하게 되는 경우가 많다. 이럴 경우 너무 많은 내용으로 인해 오히려 핵심을 명확히 부각하는 보고를 하기 어렵다.

이 외에 다른 분석 항목들도 있다. '보고자는 나 혼자인가, 나의 전후로 다른 보고자들이 있는가?', '이 보고에서 발생될 수 있는 어려움은 무엇인가?', '이 보고를 해야 하는 회의체는 어떤 특성이 있는가?' 등 보고와 관련된 것이면 무엇이든 고려해보아야 한다. 각 보고의 상황과 가장 잘 맞는 내용과 방법을 찾기 위해서이다. 왜냐하면 모든 보고, 모든 이야기는 그것이 발생된 맥락이 적절할 때만 의미를 갖기 때문이다.

C. 핵심 메시지 설정 – "나에게 명확해야 상대에게 명확하게 전달할 수 있다."

열심히 보고를 하고 있는데 상사가 보고서를 앞뒤로 뒤적뒤적 하더니 "그런데, 핵심이 뭐지?"라고 물으면 어떨까? 그 때 갑자기 당황하면서 얼굴이 붉어지고, 말문이 턱 막히거나 횡설수설 하는 보고자들이 많다.

이는 보고 준비 초반에 핵심 메시지를 제대로 설정하지 못해 나타나는 문제점이다. 보고를 준비하는 과정에서 내용의 초점이 명확하지 않았던 것이다. 짧은 보고이든 긴 보고이든 핵심은 한 문장을 넘지 않는다. 보고서를 읽는 이에게, 혹은 보고를 듣는 이에게 그 핵심이 명확히 전달되기 위해서는 보고자 스스로 말하고자 하는 핵심이 분명해야 한다. 보고를 하다 난관에 부딪힌 정 사원의 사례를 한 번 살펴보자.

정 사원은 최근 3개월간의 고객 클레임 현황에 대해서 보고하라는 상사의 지시를 받았다. 최근 3개월간 고객 클레임의 유형, 각 유형별 세부 내용, 클레임 빈도, 클레임 대처 현황 등을 상세하게 정리한 5페이지의 보고서를 작성했다. 보고를 시작하려 하자 보고서를 한 번 훑어보던 상사가 정 사원을 쳐다보며 질문했다.

　상　　사 : 요점이 뭔가?
　정 사원 : 우선 최근 3개월간의 고객 클레임 유형과 그 내용을 보시면…
　상　　사 : 결론부터 말해보게.
　정 사원 : 현황 보고를 하라고 하셔서 현황만 정리를 했습니다.
　상　　사 : 현황 데이터는 내가 읽어봐도 되고, 한 마디로 이 자료를 요
　　　　　　약해달라는 말일세.

　정 사원은 무척 당혹스러웠다. '현황 보고를 요청해 놓고서, 왜 읽어보지도 않고 요점만 말하라는 걸까?' 하는 의문이 생긴 것이다. 그럴 거면 왜 처음부터 현황을 분석해서 요약해 달라고 하지 않았는지 마음이 불편했다. 반면 상사의 생각은 이랬다. '이렇게 긴 보고서를 꼼꼼하게 읽을 시간이 없다. 현황 보고를 하라고 했다고 그냥 현황 데이터만 정리를 해서 들고 오다니, 신입사원 티를 아직도 못 벗었군. 시사점도 기껏 몇 줄 뿐이고, 도대체 깊이 고민한 흔적이 없어. 이런 보고를 받으면 시간이 낭비되는 것 같아서 짜증이 나는군.'

　이와 같은 상황이 벌어지면 재보고가 필요하게 되어 서로의 시간이 낭비된다. 그리고 상사와 부하가 감정적으로 불편해진다. 상사는 보고자의 보고 스킬만이 아니라 지적 능력과 업무 태도까지 불신하게 된다. 이와 같은 일이 왜 발생했을까? 다음과 같은 원인이 있을 수 있다.

1. 보고자가 자기 보고의 핵심을 잘 몰랐다.

2. 보고자가 핵심 메시지 설정은 했으나 그 후의 작업을 제대로 하지 못했다.

3. 보고서에 많은 정보가 담겨서 핵심을 부각시키지 못했다.

4. 보고자가 핵심 메시지를 언어로 명료하게 표현하지 못했다.

각 원인 별로 해결 방안을 생각해보자.

해결 방안 1 – "짧은 한 문장으로 자신이 말하려는 바를 표현해보라."

여러 문장으로 설명해야만 한다면 그것은 이미 핵심 메시지가 아니다. 그 문장들을 아우르는 상위 메시지가 있을 것이다. 그것이 핵심 메시지다. 사실 보고에서 중요한 것은 한 문장이다. 그 한 문장을 강조하기 위해서 여러 가지 설명과 근거 자료가 제시되는 것이다. 보고서 작성 이전에 보고 전략 수립 단계에서 핵심 메시지를 먼저 설정하라. 이후에 여러 가지 자료를 수집하고 분석하는 과정에서 핵심 메시지가 수정될 수도 있지만 이와 같은 기준점 없이 시작하면 보고의 준비 과정이 체계적으로 전개되기 어렵다.

〈설정된 핵심 메시지 예시〉

• 현재 ○○ 문제를 해결하기 위해서 A조치를 해야 한다.

• ○○을 통해 ~을 달성하자.

• ○○한 결과를 얻기 위해 ~에 참석하려고 한다.

• ○○을 선택해야 한다.

해결 방안 2 – "핵심 메시지 설정 후 논리를 구성하라."

핵심 메시지를 설정했으면 이제 그 메시지를 증명할 수 있도록 논리적으로 하위 메시지를 구성해야 한다. 핵심 메시지는 주장이거나 결론일 뿐 아직 설득적이지 않다. 무엇을 말하려고 하는지는 명확하지만 과연 정말 그렇게 하는 것이 맞는지, 혹은 정말 그런지를 상대방에게 전달하기 위해서는 그것을 증명하는 과정이 필요하다. 그 증명의 작업이 바로 관련 정보를 수집하고 분석하는 작업이다.

'보고서와 보고는 간결해야 한다.' 는 이야기를 많이 하는데, 간결한 보고란 단순히 길이만 짧은 보고가 아니다. '간결한 보고' 란 하나의 분명한 핵심과 그 핵심을 지지하는 자료들로 잘 구성된 보고를 의미한다.

핵심 메시지를 지지하는 논리를 구성할 때에는 보고 전략 수립의 다른 요소들을 함께 고려해야 한다. 보고 환경, 보고의 목표, 수신자에 적절한 핵심 메시지 등을 고려하여 논리를 설정해야 설득력이 생긴다. 논리 구성을 위한 구체적인 방법은 4장(81p)에서 자세히 설명되어 있다.

해결 방안 3 – "보고 내용이 많을수록 핵심 메시지를 살려라."

보고서에 담도록 지시받은 내용들이 많은 경우가 있다. 자연히 보고서는 두꺼워지고 정보들이 계속 나열되어 핵심이 잘 부각되지 않는다. 그럴수록 보고자가 핵심 메시지를 살려야 한다. 상사가 보고자 하는 것은 단편적인 정보들이 아니라 정보 분석을 통해 결론적으로 도출된 시사점이다.

대개의 경우 상사들은 바쁘다. 겉으로는 바빠 보이지 않더라도 여러 사안들을 검토하고, 많은 대외 관계들을 다루고 의사 결정을 해야 하기 때문에 머릿속이 늘 복잡하다. 누구나 바쁘고 여유가 없을 때는 다른 사람의 이야기를 길게 듣고 싶어 하지 않는다. 상사들도 보고를 받을 때에 짧고 명료한 이야기를 선호한다. 직급이 높아질수록 이러한 경향은 더 심해진다. 그래서 탁월한 보고자들은 자기가 제출한 보고서의 정보들을 시간을 들여 해석해야 하는 수고를 하게 만들지 않는다.

해결 방안 4 – "보고 이전에 핵심 메시지를 한 문장으로 기억하라."

분명히 내가 작성한 보고서이고 머릿속에 생각이 없는 것이 아닌데 막상 '그래서 이 보고의 핵심이 뭐지?' 라는 질문을 받으면 말문이 막힌다. 이 문제를 해결하기 위해서는 한 문장으로 핵심 메시지를 정리하고 있어야 한다. 명확히 알고 있다면 밖으로 표현할 수도 있어야 한다. 명확히 표현하지 못하면 어딘가 미흡한 구석이 있는 것이라고 상사는 판단한다.

사실 개인의 특성에 따라 말이 순발력 있고 조리 있게 나오지 않는 사람들도 있다. 그런 유형이 빠르고 명확한 반응을 요구하는 상사를 만나면 긴장을 해서 말이 더 잘 나오지 않는다. 하지만 준비만 제대로 하면 그런 상황에도 충분히 대처할 수 있다.

보고 이전에 다음과 같은 준비를 하라. 첫째, 보고 전체의 핵심 메시지를 한 문장으로 숙지한다. 그래서 보고를 시작할 때 핵심 메시지부터 말하고 세부 내용에 들어갈 수 있도록 준비하라. 둘째, 보고서 각 페이지마다 핵심 메시지를 한 문장으로 숙지한다. 그래서 각 페이지를 설명할 때 그 핵심 메시지부터 말한 후에 설명을 시작할 수 있도록 하라.

O. 보고 목표의 수립 – "명확한 과녁을 만들어라."

성공적인 보고란 보고자가 상사로부터 자신이 원했던 피드백을 받는 것이다. 즉 보고의 목표를 달성하는 것이다. 그래서 상세한 보고 내용을 준비하기 전에 보고의 목표를 세우는 일이 중요하다. 보고의 많은 내용들이 화살이라면 보고 목표는 그 화살을 날려야 하는 과녁이다. 과녁이 어디에 있는가, 어느 정도 거리에 떨어져 있는가에 따라 어느 방향으로 화살을 얼마나 세게, 어떤 각도로 날려야 하는가가 달라진다. 보고 역시 보고 목표가 무엇인가에 따라 보고에 담을 내용과 그 내용의 표현 방법, 순서가 달라진다.

보고의 목표는 보고자에게만 영향을 미치는 것이 아니다. 보고를 듣는 상사에게도 영향을 미친다. 우리가 모델 하우스를 구경할 때, 분양 신청을 할 것인가를 결정하기 위해서 보는 경우와 지나가는 길에 우연히 들려서 구경을 하는 경우는 관찰하는 요소와 태도가 전혀 다르다. 그것은 목표가 다르기 때문이다. 전자는 분양 신청 여부를 결정하는 것이 목표이고, 후자는 그냥 좋은 집을 보면서 즐기는 것이 목표이다. 상사는 자신이 듣는 보고에 대해서 승인을 해야 하는 경우인지, 아니면 의견을 주는 경우인지에 따라 경청의 방식과 입장을 달리한다.

물론 때로는 상사에게 오픈하지 못하는 개인적 목표가 있을 수도 있다. '상사를 설득해서 더 많은 예산을 얻어내겠다.' 라든가, '우리 파트에 대한 상사의 선입견을 이번 기회를 통해서 없애겠다.' 와 같은 목표는 상사와 공유하기가 어렵다. 하지만 어떠한 경우이든 보고 목표는 다음과 같은 네 가지 요건을 충족시켜야 한다.

상사의 생각, 행동, 태도 변화에 초점을 맞출 것

'생산성 증대', '프로세스 개선', '정확한 정보 전달' 등이 아니라, 이 보고를 들은 상사가 경청 이후에 무엇을 하게 할 것인가를 기술해야 한다. 다시 말해 '보고한 내용이 실행된 결과'나 '나의 보고 행동'을 기술하는 것이 아니라, '보고를 들은 상사에게 보고자가 기대하는 결과'를 기술하는 것이다. 예를 들어, '멘토링 제도의 시행을 통해서 신입사원 이직률을 8%대에서 3%대로 낮추겠다.'와 같은 주제라면 다음과 같이 목표를 구체화하라. '5분 동안 멘토링 제도의 필요성에 대해 보고해서 팀장이 멘토링 제도에 대해 긍정적인 태도를 갖고 2차 보고를 지시하게 하겠다.'라든가, '5분 동안 멘토링 제도의 필요성과 실시 방법에 대해서 보고하여 제도 시행에 대한 팀장의 승인을 얻겠다.'와 같은 목표가 바람직한 목표이다.

집중할 것

한 보고에는 하나의 목표가 좋다. 여러 가지를 한 번에 결정해야 하면 상사는 의사 결정을 미루게 된다. 세 개의 승인을 얻어야 하는 보고를 한 번에 하는 것보나 한 개씩 승인을 얻으면서 상사를 세 번 만나는 것이 좋다. 승인을 얻는 데에도 관계를 형성하는 데에도 그것이 더 바람직하다.

구체적일 것

'상사가 우리 프로젝트에 관심을 갖게 한다.'는 목표보다는 '상사가 우리 프로젝트의 중요성을 알게 하고 인원 충원이 필요한 경우 우선적으로 충원을 하게 한다.'라는 목표가 더 구체적이다.

보고 상황, 핵심 메시지, 수신자에 적절할 것

큰 제도의 변경 건 등을 제안하면서 첫 보고에서 바로 승인을 얻겠다고 하는 것은 실현 가능성이 적다. 핵심 메시지를 무엇으로 하는가에 따라서 보고의 목표는 달라진다. 혹은 보고의 목표에 따라서 핵심 메시지를 다르게 가져가야 한다. 같은 사안이더라도 직상위자를 대상으로 한 보고의 목표와 최종 의사 결정권자인 차상위자를 대상으로 한 보고의 목표가 다를 수 있다.

상사에게 초점을 맞춘 하나의 구체적이고 적절한 목표는 보고자로 하여금 무엇을 말해야 상대가 그와 같은 변화를 일으킬 것인가를 생각하게 한다. 즉 상사가 승인을 하려면 무슨 정보를 필요로 할까, 상사가 일정을 변경하는 결정을 하려면 어떤 점들을 알고 싶어 할까를 상사 입장에서 고민하게 되는 것이다. 이러한 '상사 관점 갖기'가 바로 보고 목표를 상사의 생각, 행동, 태도 변화에 초점을 맞추어 작성하는 이유다.

아래 문장을 이용해서 보고의 목표를 한 문장으로 기술해보라. 머릿속으로 생각만 하는 것보다 직접 글로 적어보는 것이 생각을 분명히 정리하게 하고 기억하는 데에도 도움이 된다.

▶ Point Box

_____ 분 동안, _______ 을 보고해서, 상사가 __________ 하도록 한다.

R. 수신자 분석 – "상사의 눈과 귀로 보고 들어라."

수신자 분석은 보고의 수신자인 상사에 대해 파악하여 보고 내용 구성과 전달 방식에 대한 착안점을 얻어내는 작업이다. 보고 내용 구성에 대한 착안점이란 다음과 같은 것들을 고려하는 것이다.

- 내용의 논리적인 흐름(무엇부터 말하고 무엇을 다음에 말할 것인가?)

- 꼭 넣어야 할 내용(상사가 이 보고에서 얻고자 하는 것이 무엇인가?)

- 보고의 도입 부분에서 주의를 집중시키는 방법(어떻게 초기에 주의집중 시킬 것인가?)

- 핵심 설득 요소(어떤 사실이나 주장이 상사의 마음을 움직일 것인가?)

- 꼭 필요한 근거 자료(어떤 근거 자료를 필요로 할 것인가?)

- 요청할 내용(무엇을 상사에게 요청해야 지원을 잘 받을 수 있을 것인가?)

- 내용의 난이도(어느 정도 어렵게, 혹은 쉽게 설명해야 하나?)

- 알고 있는 내용과 새롭게 알아야 할 내용(무엇을 말해야 하고, 무엇은 말할 필요가 없는가?)

전달 방식에 대한 착안점이란 상사에 따라서 다음을 다르게 한다는 것을 의미한다.

- 보고자의 태도(신중하게 할 것인가, 도전적으로 할 것인가?)

- 공식성(공식적으로 할 것인가, 비공식적으로 자유롭게 할 것인가?)

- 장소와 시간(어느 시간, 어떤 장소가 집중하기에 좋을까?)

- 길이(어느 정도의 보고 시간, 어느 정도 분량의 보고서가 좋을까?)

- 도구(서면으로 할 것인가, 구두로 할 것인가, 이메일로 할 것인가?)

- 보고서의 형식(한 장 보고서와 두꺼운 보고서 중 무엇을 선호하는가?)

- 속도(보고 지시 후 얼마 내에 보고하는 것을 선호하는가?)

- 언어(논리적 언어, 실행 중심의 언어, 감성적 언어 중 무엇을 선호하는가?)

- 비언어(눈을 계속 바라보며 말하는 것을 좋아하는가, 아닌가? 빠른 목소리

　　　　　　　　PART 2 | 성공적인 보고를 위한 준비

를 선호하는가, 아닌가?)

- 개입(도중에 자기 의견을 말하기를 좋아하는가, 일단 듣고 나서 말하기를
  선호하는가?)

위와 같은 착안점들을 찾아내려면 먼저 수신자 분석 항목을 파악하는 것이 좋다. 사실 수신자 분석 항목은 헤아릴 수 없이 많고 다양하다. 하지만 모든 것을 다 분석할 수도 없고, 다 분석할 필요도 없다. 경우에 따라서 필요한 항목들이 달라지지만, 일반적으로 3가지 핵심 요소를 분석하면 된다. 상사 분석의 핵심 3요소는 '상사의 비즈니스 관심사', '보고 주제에 대한 상사의 입장', 그리고 '상사의 업무 처리 성향' 이다. 그 밖에도 '보고 내용에 대한 상사의 지식 수준', '상사의 의사 결정 권한', '상사의 배경(전공, 업무 경험 등)' 등을 분석하는 것이 도움이 된다.

첫 요소인 '상사의 비즈니스 관심사' 란, 상사가 업무적으로 무엇에 관심이 있는가 하는 점이다. 상사가 평소에 업무에서 해결하고자 하는 문제, 달성하고자 하는 목표가 무엇인지 알아본다. 그리고 그 비즈니스 관심사와 자신이 보고하는 내용 간의 연관성을 파악한다. 그 연관성을 중심으로 보고의 도입 부분을 작성하여 상사의 주의를 집중시키고 경청하도록 만들 수 있다. 사람들은 자신에게 중요한 정보에는 언제나 귀를 기울인다는 점을 활용하는 것이다. 다음의 예시에서 확인해보자.

보고자 : 팀장님. 현재 ㅇㅇ 프로세스에 문제가 많이 발생하고 있습니다. 이번 달 들어서 고객 불만이 급증하고 있습니다.

상 사 : 그렇지. 내가 그것 때문에 고민이 많아요.

보고자 : ○○프로세스의 문제를 확실하게 개선할 수 있는 방안을 찾았
　　　　습니다.
상　사 : 어떻게 말인가?

두 번째 요소인 '보고 주제에 대한 상사의 입장' 파악은 상사가 보고자의 보고 내용에 대해서 긍정적인지, 부정적인지, 중립적인지를 파악하는 것이다. 긍정적이라면 필요성을 설득하기 위한 노력을 많이 하지 않아도 되지만 부정적이라면 상세 내용을 설명하기 전에 보고 내용에 대해 상사가 긍정적 관심을 갖도록 만드는 작업을 해야 한다.

세 번째 요소인 '상사의 업무 처리 성향'은 상사가 일을 하는 방식을 파악하는 것이다. 일 하는 방식에는 그 사람의 태도, 생각, 행동의 패턴이 고스란히 들어있다. 그래서 상사의 성향을 파악하면 상사가 선호하는 보고 스타일을 아는 데 도움이 된다. 이 내용은 4부에 상세하게 설명되어 있다. 이 단원에서는 간략하게 살펴보자.

실행 중심 성향의 상사

전체를 한 눈에 파악하고 분석과 의사결정이 빠르고 일단 결정을 하면 불도저처럼 일을 추진한다. 깊고 분석적인 보고를 싫어하고 실질적인 성과와 행동 중심의 보고를 선호한다. 세부적인 데이터도 많이 요구하지 않는다. 결론부터 짧게 말하고 그 결론을 지지하는 간명한 자료들, 그리고 실행 계획에 초점을 맞춘 보고서를 선호한다. 복잡하고 긴 내용을 좋아하지 않으므로 보고서도, 보고도 짧은 것이 좋다.

사고 중심 성향의 상사

생각을 깊이하며 논리적으로 충분히 검증한 다음 일을 시작하는 스타일이다. 이들은 일단 해보자는 식의 보고를 싫어하고 논리적 검증을 거친 보고를 선호한다. 그들 자신이 충분히 이해가 가기 전에는 실행 아이디어에 별 관심이 없다. 또 주장과 결정을 뒷받침하는 객관적 사실과 논리적 자료들을 원하고 의사 결정을 하기 전에 충분히 검토할 시간을 필요로 한다. 이 상사들은 질문이 많다. 질문에 답변하며 제시할 수 있는 첨부 자료들이 충분해야 한다.

사람 중심 성향의 상사

조직원들의 의견을 취합해가며 함께 일하는 사람들 중심으로 생각하며 일을 하는 스타일이다. 이들은 복잡한 데이터를 많이 나열하기보다 같이 대화하는 것을 좋아한다. 또 보고자의 하고자 하는 확신과 열의를 중시한다. 보고에서 논리적으로 잘 작성된 자료를 볼 때보다 뭔가 한 부분 강렬한 느낌이 올 때 의사 결정을 하며, 주변의 이목을 많이 의식한다. 일을 하는 것은 논리가 아니라 사람이라고 생각한다.

이밖에도 상사의 지식 수준에 따라 전문용어 구사의 수준을 달리해야 한다. 또 상사의 의사 결정 권한에 따라 보고의 목표를 승인으로 할지, 합의로 할지 결정하고 그 목표에 맞춰 내용을 구성해야 한다. 또 상사의 배경을 파악하여 그가 잘 이해할 수 있는 예시를 사용하는 것이 좋다. 성경에서 어부 베드로를 제자로 맞이하기 위해 예수가 '내가 너를 사람을 낚는 어부가 되게 하겠다.' 라고 말한 것은 상대의 배경을 잘 고려한 커뮤니케이션이었다. 어떤 일을 오래 한 사람은 그 일과 관련된 패러다임을 가지고 있어서 다른 모든 일도 그 방식으로 보려는 경향이 있다. 이러한 패러다임은 쉽게 바뀌지 않으므로 보고를 할 때 상사의 패러다임을 활용하여 설명을 하면 좋다. 보고도 곧 커뮤니케이션이다. 상대가 이해하고 가장 잘 받아들일 수 있도록 메시지를 구성하여 전달하는 것이 중요하다.

지금까지 살펴본 네 가지 요소 - 보고 환경 분석(E), 핵심메시지 설정(C), 보고 목표 수립(O), 수신자 분석(R) 내용을 토대로 종합적인 보고 전략을 수립한다. 아래의 양식을 활용하여 보고 전략을 세워보자.

		보고 전략 (보고 시 착안점)
환경 분석 (E)		
핵심 메시지 (C)		
목표 (O)		
수신자 분석 (R)		

아래 내용은 79페이지의 양식에 맞춰 작성한 보고 전략의 예시이다. 이번 단원에서 학습한 내용을 정리하면, 보고 전략은 보고에 대한 큰 그림을 그리는 작업이고, E.C.O.R은 그것을 돕는 도구다. 보고 환경, 핵심 메시지, 보고 목표, 수신자 분석을 통하여, 그 네 개 요소가 보고에 미치는 영향을 파악함으로써, 가장 효과적으로 보고 내용을 만들고 전달할 수 있는 방법들을 찾아내는 것이다.

		보고 전략 (보고 시 착안점)
환경 분석 (E)	• 지시된 보고가 아닌 내가 주도적으로 수행하는 보고 • 상사가 최우선 순위에 두고 있는 주제가 아님(상사가 내가 보고하는 주제의 심각성을 느끼도록 해야 함) • 연구자들이 경영 중심의 시각이 부족하다는 것에 대하여 부문장님으로부터 지난 달 부문 미팅에서도 지적을 당했음	• A를 방치할 경우 나타날 수 있는 문제점을 명확히 부각하여 주의 집중
핵심 메시지 (C)	• A프로세스를 개선하기 위하여 ○○○방법을 적용하자	• 두드러진 기대 효과 강조 • 충분한 검토를 했음을 강조
목표 (O)	• 팀장님이 ○○방법 적용을 위한 인력과 예산 집행을 승인하도록 한다	• 가능성 있고 신뢰할 수 있는 해결안을 보이기(○○기관에서 검증된 것임을 언급하기, 성공 사례들 제시하기)
수신자 분석 (R)	• A프로세스에서 발생되는 문제점 해결에 관심을 갖고 있음 • 새로운 방법을 적용하는 데에 긍정적임(단, 충분한 검토를 원함) • 신중한 성향(검증된 방법론 선호. ○○기관의 결과들을 신뢰함) • 연구자들이 좀 더 경영 중심의 시각을 가지고 도전적으로 연구에 임하고 문제 제기를 해주기를 바람 • 보고 시 보고의 내용만이 아니라, 보고자의 추진 의욕을 중시함	• 팀장이 승인 시 체크하는 요소들을 첨부 파일로 준비 • 나의 실행 의지를 보이기

CHAPTER 04

보고의 논리를 구성하라

보고 전략을 세운 다음 해야 할 일은 보고 내용의 논리를 구성하는 것이다. 보고의 논리를 구성한나는 것은 보고에 담을 여러 내용들이 서로 앞뒤 관계가 분명하도록 순서를 짜는 작업이다. 이 작업은 정보 수집 단계와 동시에 일어날 수도 있고, 정보 수집을 하기 전이나 그 후에 일어날 수도 있다.

정보 수집 단계와 논리 구성 단계가 동시에 혹은 전후로 진행되는 이유는 무엇일까? 만약 논리를 세웠다고 하더라도 정보를 제대로 수집하지 못해 구체적인 근거를 제시할 수 없다면 설득력 있게 주장하기 어렵다. 또한 자신이 보고서에서 주장하려는 것이 무엇인지 명확히 서 있지 않으면 정보 수집이 효율적으로 되지 않는다.

논리 구성 단계는 '생각하기'를 많이 해야 하는 단계다. '생각하기'에는 두 가지 방법이 있다. 어떤 형식 없이 생각이 흐르는 대로 확산시키며 하는 방법, 어떤 순서로 무엇을 검토할지 큰 틀부터 짜놓은 다음 각 부분들에 대해서 집중적으로 생각하는 방법이다.

전자의 방법은 자유롭게 생각을 펼쳐나감으로써 반짝이는 아이디어를 얻어내거나 자기 생각의 더 깊은 층을 만나려고 할 때 좋다. 생각을 확장시키며 자신이 생각지도 못했던 아이디어를 발견할 수 있기 때문이다. 후자는 말하고자 하는 핵심과 목표와 대상이 비교적 분명한 상태에서 논리적인 사고를 진행하려고 할 때 좋은 방법이다.

보고를 위한 논리 구성에서는 위의 두 가지 방법을 병행하지만, 보통 후자의 방법을 더 많이 쓴다. 특히 보고 준비 시간이 짧은 경우 틀을 먼저 정해놓고 구체화시키는 후자의 방법이 더 좋다. 또 창의적인 제안을 하는 경우가 아니라, 이제까지 진행된 일에 대하여 보고하는 등의 경우에 이 방법이 훨씬 효과적이다.

피라미드 구조 이용하기

그렇다면 큰 틀을 짜는 일은 어떻게 해야 할까? 큰 틀부터 짜는 생각하기 방법을 쓸 때 활용하기 좋은 도구가 있다. 바로 '피라미드 구조'다. 피라미드 구조는 '보고'와 같은 비즈니스 커뮤니케이션을 준비할 때 유용하다. 비즈니스 커뮤니케이션에서는 '결론부터 말하기', '논리적으로 말하기', '3가지로 간결하게 말하기'가 요구되는데, 피라미드 구조를 이용하면 그 요구들에 맞게 메시지를 효과적으로 정리할 수 있기 때문이다. 피라미드 구조는 다음과 같이 시각화한다.

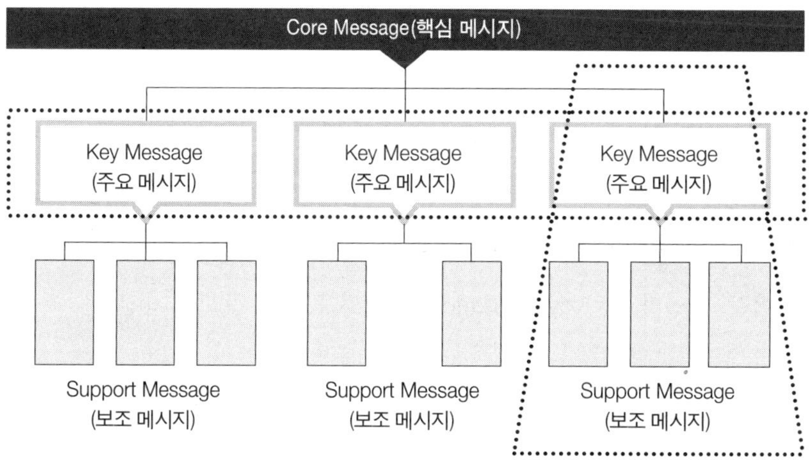

이 피라미드 구조는 맥킨지 컨설팅 최초의 여성 컨설턴트인 바바라 민토가 개발해냈다고 하여 민토 피라미드라고도 불린다. 모양이 피라미드를 닮아서 붙여진 이름이다. 이번 단원에서는 이 민토의 피라미드 구조를 단순하게 응용하여 보고 논리 구성을 쉽게 할 수 있는 방법을 소개할 것이다. 각 용어의 의미를 살펴보자.

Core Message(핵심 메시지)

Core Message는 보고 전략을 세우는 단계에서 만들었던 보고의 핵심 메시지이다. 이 메시지는 논리 구성을 하는 과정에서, 또 필요한 정보를 수집하는 과정에서 수정될 수 있다. 논리를 구성하기 위해 아이디어를 떠올리는 과정에서 더 명확하고 구체적인 핵심메시지가 떠오를 수 있기 때문이다. 혹은 증명할 수 있는 자료가 없어서 원래 설정했던 메시지의 일부를 포기하는 등 그 범위를 좁혀야 할 수도 있다.

Key Message(주요 메시지)

Key Message는 핵심 메시지를 뒷받침해 주는 역할을 한다. Key Message를 효과적으로 만들려면 상사가 핵심 메시지를 들었을 때 던질 수 있는 주요 질문 3가지를 순서대로 떠올리고 그 질문에 대하여 답해보자. 핵심 메시지를 뒷받침하는 논리, 사례, 이유, 혹은 방법 등이 여기에 들어갈 수 있다. 각 Key Message들은 서로 논리적 관계를 가진다.

Support Message(보조 메시지)

각 Key Message를 뒷받침하는 메시지들이다. Support Message를 만들 때에도 Key Message를 만들때처럼, Key Message에 대해 상사가 던질 수 있는 질문을 생각하여 답을 하는 구조로 만들면 좋다. 각 Key Message를 뒷받침하는 논리, 사례, 이유, 방법 등이 들어갈 수 있다. 각각의 Support Message들은 서로 논리적 관계를 가진다. 사실 각 메시지에 붙어있는 Core, Key, Support 등의 이름은 의미가 없다. 편의상 각 단계를 부르기 쉽도록 만들어놓은 이름으로 그 개념을 이해하면 된다.

피라미드 구조란 모든 크고 작은 피라미드의 꼭짓점 위치의 박스에는 결론을 쓰고, 그 꼭짓점 위치의 박스와 아래로 연결된 세 개 박스들에는 그 결론을 뒷받침하는 내용들을 쓰는 구조이다. 그래서 수직적으로도 수평적으로도 논리적 관계를 이룬다. 수평 선상에 있는 세 개 박스들의 내용은 동등한 크기를 갖거나 논리적 흐름으로 연결된다. 동등한 크기로 연결할 때에는 각 박스들의 내용이 서로 MECE(Mutually Exclusive Completely Exhaustive 서로 겹치지 않고 모두 합하면 빠짐없이 포함되는)하게 연결되어 내용들이 서로 겹치지 않으면서도 빠지는 것이 없도록 작성하면 좋다.

논리적 흐름으로 연결할 때에는, 논리의 비약이 일어나지 않도록 주의해야 한다. 예를 들면 기계 고장이 많아 생산에 차질이 크다고 해서 기계 고장의 원인을 분석하지 않고 정비팀 인원을 늘려야 한다는 식의 단편적인 해결책을 제시해서는 안 된다는 말이다.

세 개 박스를 동등한 크기로 연결한 예

- 이유 1-이유 2-이유3
- 방법 1-방법 2-방법 3
- 관점 1-관점 2-관점 3
- 고객 측면-경쟁자 측면-자사 측면
- A 지역-B 지역-C 지역
- 고가 상품-중가 상품-저가 상품
- 과거-현재-미래

세 개 박스를 논리적 흐름으로 연결한 예시

- 문제-원인-해결책
- 문제와 원인-해결안-기대 효과
- 현재 모습-미래 모습-격차 해소 방안
- 현황 분석과 문제 제기-개선 과제-추진 계획
- 선정 기준-최적 대안 선정-향후 추진 계획
- 무엇을-왜-어떻게
- 대전제-소전제-결론

   PART 2 | 성공적인 보고를 위한 준비

피라미드 구조에 대해서 지금까지 설명한 내용을 요약하면 다음과 같다.

- 피라미드 구조에는 수직적인 관계와 수평적인 관계가 있다.
- 수직적인 관계는 각 꼭짓점과 하단 메시지들의 관계를 말하며, 결론 대 논리적 근거, 요약 대 구체적 예시나 설명 등의 관계가 전형적이다.
- 수평적 관계는 하단 3개 메시지들 간의 관계를 말하며, 논리적인 흐름으로 전개(예 : 문제 – 원인 – 해결책)되거나, 병렬적인 관계로 MECE하게 나열(예 : 이유 1 – 이유 2 – 이유 3)된다.
- 그러므로 피라미드의 각 꼭짓점에는 결론 혹은 요약 메시지를 적고, 각 하단에는 그것을 뒷받침하는 논리적 근거나 예시 등을 적는다.
- 피라미드 구조를 논리적으로 완성하는 좋은 방법은 상사의 생각 흐름을 따라가는 것이다. 예를 들면, 꼭짓점의 메시지(결론, 요약)를 듣고 상사가 제기할 수 있는 질문을 스스로 던지고 답해보는 것이다.

간단한 예를 들어 보자. "회사의 현재 결재 방법을 바꾸어야 한다."라고 주장을 해서 상사의 승인을 얻으려고 한다. 제안을 받은 상사가 충분한 검토를 하기 위해서는 '현재의 결재 방법에 어떤 문제가 있는가?', '어떻게 해결할 수 있는가?', '어떤 효과가 있을 것인가?' 와 같은 질문들을 제기할 수 있다. 이 질문들을 논리 얼개로 삼는다. 그리고 먼저 각 얼개마다 한 문장씩 메시지를 만든다. 그러면 '결재 방법을 바꾸어야 한다' 라는 주장 아래 '불필요한 결재 단계로 의사 결정이 지연되고 있다', '2단계로 결재 단계를 축소한다', 그리고 '업무 처리 속도가 빨라지고 담당자 사기 증진이 될 것이다.' 와 같은 3개의 Key Message를 쉽게 찾아낼 수 있다.

그 다음 논리 얼개를 사용해서 만들어낸 3개 박스의 메시지 각각에 대해서 다시 상사가 제기할 수 있는 질문을 생각하여 새로운 논리 얼개를 짠다. 이와 같은 작업을 통해 하위 3개 Support Message도 완성할 수 있다.

한 가지 여기에서 주목할 점은 논리 얼개의 종류와 메시지의 내용은 핵심 메시지에 따라서만 달라지는 것이 아니라는 사실이다. 보고 환경, 보고 목표, 혹은 상사의 특성에 따라서도 달라질 수 있다.

만약 결재 방법을 바꾸는 문제에 대해서 여러 견해들이 팽팽하게 부딪치고 있다면 '결재 방법 변경에 대해 어떤 의견들이 있는가? – 어느 안이 최적의 안인가? – 적용 시 무엇을 기대힐 수 있는가?'로 논리 얼개를 구성할 수 있다. 또 보고 목표를 승인이 아니라 아이디어를 얻는 것이라면 '제안의 배경은? – 예상되는 문제는? – 성공적인 제도 변경을 위해 추가로 고려해야 할 사항은?'과 같은 논리 얼개가 가능할 것이다. 만약 상사가 현 결재 방법의 문제점에 대해서 충분히 이해하고 있는 상태라면 배경을 논할 필요 없이 '개선안은? – 상세 추진 계획은? – 내가 지원해 줄 사항은?'으로 구성할 수도 있다. 이와 같이 논리 얼개를 구성하고 핵심 메시지(Core Message)와 주요 메시지(Key Message)를 찾아내는 작업은 앞서 작업한 보고 전략 수립 단계의 결과물들이 반영되어야 한다. 즉 보고의 논리는 단순히 보고자의 머릿속에서만 나오는 것이 아니라 보고의 맥락, 목표, 상사 분석을 모두 포괄하여 나와야 한다는 것이다.

피라미드 구조 작성하기의 유의점

피라미드 구조의 효과적인 적용을 위한 몇 가지 유의점을 살펴보자.

위에서 아래로 하향식으로만 작성되어야 하는가?

그렇지 않다. 피라미드 구조는 핵심 메시지가 설정된 상태에서는 하향식으로 전개하여 만드는 것이 일반적이다. 하지만 아직 핵심 메시지를 도출하지 못한 상황에서 말하고 싶은 여러 가지 내용들이 있을 때에는 상향식으로 작성할 수도 있다. 두 가지 경우를 서로 비교하면 다음과 같다.

핵심 메시지가 분명할 때(하향식)

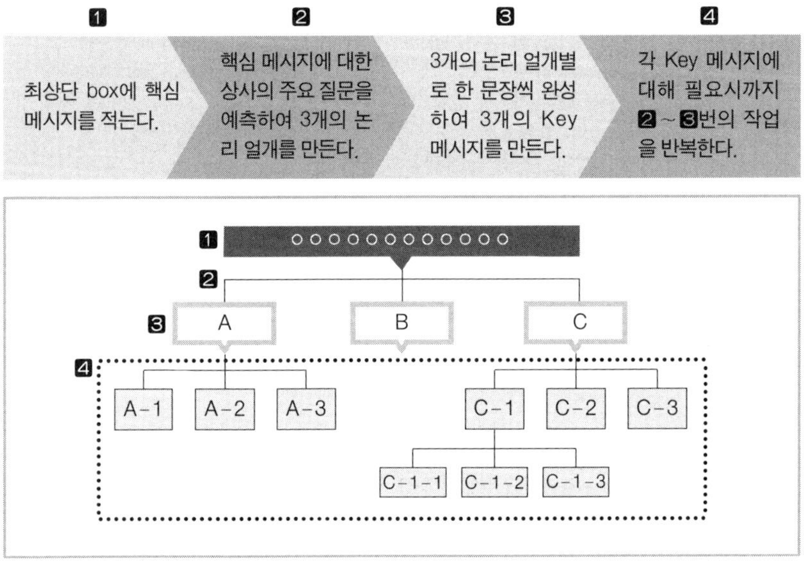

핵심 메시지가 불분명할 때(상향식)

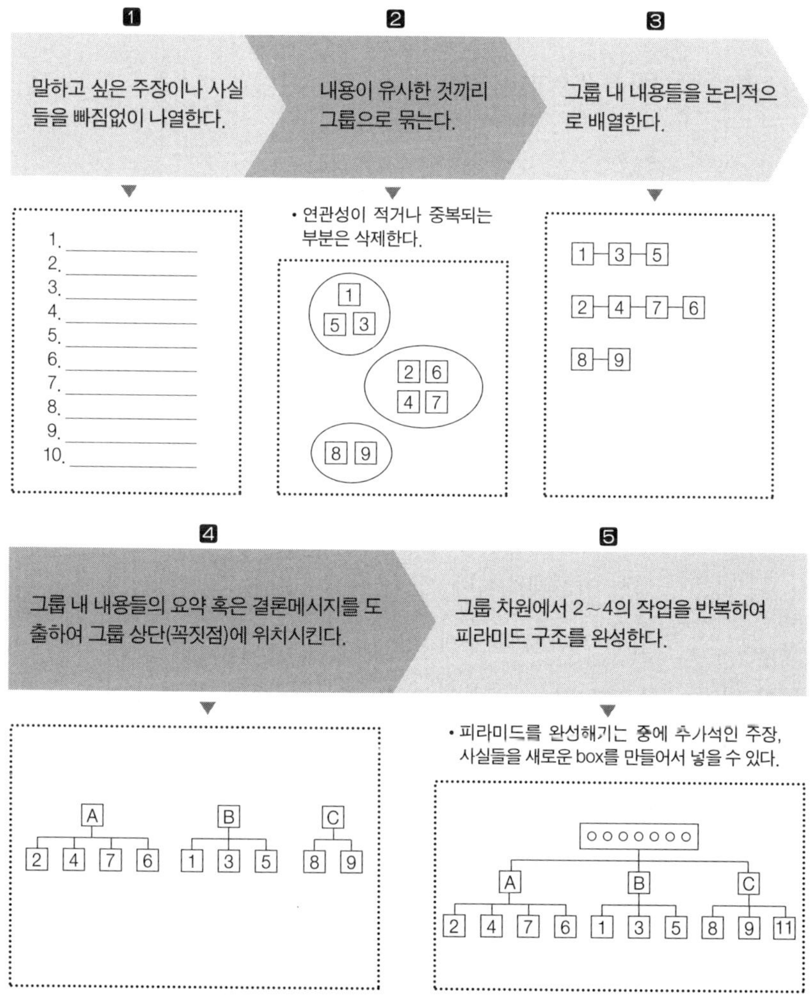

하위 박스들은 꼭 3개여야 하는가?

아니다. 2개나 4개일 수도 있다. 다만 기억하기 쉽고 안정감 있게 논리 전개를 하기 쉬운 개수이므로 가능한 3개로 작성하자.

한 박스에는 하나의 메시지만 들어가야 하는가?

그렇다. 한 박스에 두 가지 이상의 메시지가 들어가면 그 박스의 하위 박스들을 구성하기가 어려워진다.

피라미드는 늘 아래로 3단계까지만 구성이 되는가?

아니다. 뒷받침할 메시지가 더 필요하다면 계속해서 하위로 4단계, 5단계까지 피라미드가 생겨날 수도 있다. 반대로 특정 박스의 메시지가 근거가 필요 없을 정도로 상대에게 분명한 경우라면 특정 박스를 2단계까지만 작성할 수도 있다.

보고 시 가장 쉽게 쓸 수 있는 논리 얼개는 무엇일까?

'무엇을?-왜?-어떻게?' 이다. 상사의 질문은 보고 상황이나 보고 사안, 상사의 특성에 따라서 달라지지만 대개의 경우 보고를 받을 때 상사들이 던지는 중요한 질문은 이 세 가지이다. '이것이 뭘 하자는 것인가', '왜 필요한가', '어떻게 하자는 것인가' 이 세 가지는 상사들이 언제나 생각하는 것이다. 왜냐하면 기업의 목적은 현상 파악에 그치지 않고 의사 결정을 내리고 실행에 옮겨서 성과를 창출하는 것이고, 이러한 목적은 관리자들에 의해서 주도적으로 실현되기 때문이다.

여기서 '무엇을'은 보고의 핵심, 혹은 보고를 통해 하고자 하는 일의 핵심을 설명하는 요소이다. '왜'는 일이 일어난 원인이 무엇인지, 그것을 하면 무엇이 좋아지는지, 하지 않으면 무슨 문제가 발생되는지를 물어서 일의 취지, 성과, 이익, 혹은 효과를 파악하고자 하는 것이다.

'어떻게'는 그 일을 이뤄내는 방법을 묻는 것이다. 일의 수행 절차(단계, 세부 활동), 필요 자원(추진 일정, 투입 비용, 각 단계의 담당자, 상사에게 요청하는 것), 문제 해결 방안 등이 여기에 해당된다. 만약 보고가 과거의 일에 관한 것이라면 그 일이 일어난 후의 변화 또는 경과가 어떻게 되고 있는가를 묻는 것이다.

피라미드 구조의 실례

이해를 돕기 위해 피라미드 구조의 예시를 살펴보자. '우리 회사의 외주업체를 A사로 선정 관리한다.' 라는 핵심 메시지가 있다. 이 메시지에 대해 먼저 상사의 질문을 예상하여 논리의 얼개를 짠다. '선정 기준은? – 후보 업체 평가 결과는? – 향후 계획은?' 그리고 각 논리의 얼개마다 한 개씩 문장을 뽑아냈다.

선정 기준

우리 회사의 외주 업체는 3가지 기준을 충족시켜야 한다.

후보 업체 평가

3개 후보 업체 평가 결과 A사가 3개 기준을 가장 잘 충족한다.

향후 계획

다음과 같이 선정에 따른 후속 조치를 취한다.

그런 다음 각 문장(Key Message)을 지원하는 메시지(Support Message)를 뽑는다. 이를 시각화하면 다음과 같다.

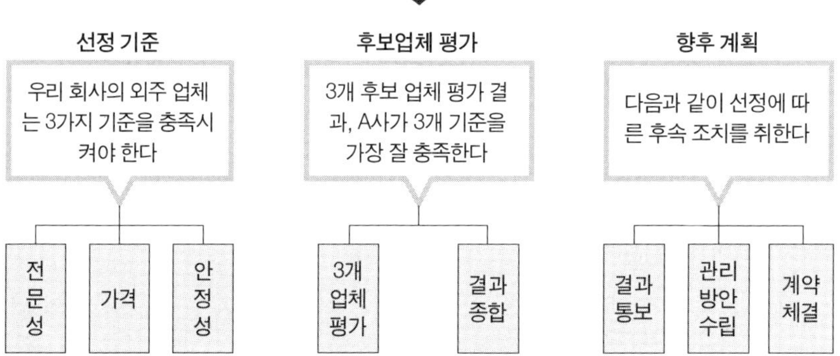

또 다른 예시를 살펴보자. '체계적인 면접 시스템을 개발하고 운영해야 한다.'는 핵심 메시지가 있다. 이 메시지에는 '문제점 – 원인 – 해결안'의 논리 얼개를 사용하기로 했다. '신입 사원 면접에 문제가 있다.'는 메시지를 문제점에서 끌어내었고, 원인을 다각도로 분석하여 '면접관 선정 방식, 면접 도구 내용, 교육 방식이 그 원인이다'라는 메시지를 만들어냈다. 그리고 각각의 원인에 적합한 해결안을 이끌어냈다.

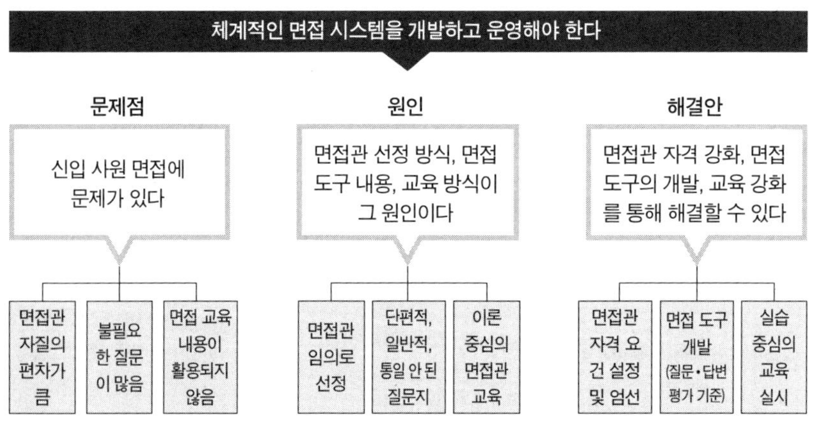

많은 보고자들이 보고를 하다가 중요한 내용을 잊어버려 말문이 막히거나, 두서가 없어져 중언부언하게 된다. 사전에 보고할 내용이 위와 같이 머릿속에 시각적으로 정리되어 있다면 그러한 문제를 겪지 않을 수 있다. 이렇게 피라미드 구조는 내용을 논리적으로 구성하는 도구이면서 동시에 내용을 시각적으로 잘 기억하게 만드는 도구이다. 피라미드 구조를 잘 활용하여 성공적인 보고를 준비해보자.

CHAPTER 05

정보를 수집하라

보고의 논리를 구성한 다음 해야 할 일은 무엇일까? 바로 관련 정보 수집이다. 보고서를 작성하거나 구두 보고를 실시하려고 할 때 꼭 필요한 것이 관련 정보이다. 진행 상황, 진척도, 추세, 변동 사항, 수치, 사고 원인, 확률, 연구나 실험 결과, 고객의 목소리, 고객 클레임, 설문 조사 결과, 성공 사례, 실패 사례, 3년 전 시장 자료, 작년 초 대표 이사의 신년사, 관련 이론, 경쟁사 동향, 해외 동향, 유명 인사 동향, 시장의 반응, 특정 이해 관계자의 반응 등 보고에 필요한 정보는 보고의 상황, 목표, 수신자에 따라서 달라진다.

보고에 따라서 정보 수집의 비중이 적은 경우도 있지만, 'ㅇㅇ 추이 분석', 'ㅇㅇ 현황 분석', 'ㅇㅇ 동향 조사 보고' 등과 같은 현황 파악과 분석에 초점을 맞춘 보고는 정보 수집 능력이 보고의 성패를 좌우한다.

그런데 적절한 정보를 제때 찾는 것이 말처럼 쉽지 않다. 요즘은 과거와 달리 인터넷의 발달, 사내 정보 공유 시스템의 구축, 컴퓨터와 같이 정보를 분석·저장할 수 있는 장치들의 발전으로 정보 수집이 쉬워졌다고 한다. 하지만 정작 자신의 보고서를 완성시키는 데 도움이 되는, 제대로 된 정보를 신속하게 찾기는 어렵다. 의류 매장에서 그냥 심심풀이로 돌아볼 때는 사고 싶은 것이 많은데 막상 직접 사려고 하면 마음에 딱 드는 물건을 고르기 힘든 것과 비슷하다. 보고 날짜는 다가오는데 어떤 정보를 어디서 찾아야 할지 막연할 때가 많다.

평소 여러 관심 주제들을 연구하며 자료를 취합해둔다 하더라도, 상사의 지시가 늘 나의 관심사와 일치하는 것은 아니다. 또 내가 직접 통제하는 범위 내의 정보들이 아니라 다른 팀의 협조를 받아야 하는 경우, 내가 원하는 시간에 원하는 형태로 정보를 입수하기가 쉽지 않다. 왜 도움을 받으려고 할 때마다 담당자들이 부재중이거나 회의 중이거나 눈코 뜰 새 없이 바쁜지 모르겠다며 한탄하는 보고자들이 많다. 때때로 정보를 모으느라 밤을 새기도 한다.

그러나 이런 어려움이 있음에도 불구하고 보고를 잘 하는 사람들은 정보력이 탁월하다. 조직 내에서 사람들이 정보가 필요할 때 '○○에 대해서 알아보려면 무슨 자료를 찾아봐야 하지요?', '○○ 정보는 어디서 구하지요?'라며 자문을 구하는 사람이 누구인지 잘 관찰해보라. 그들의 정보 역량을 분석해보면 다음과 같은 특징이 있다.

- 어떤 정보가 필요한지 명확히 파악하여 불필요한 노력 낭비가 적다.
- 조직의 전반적인 상황에 대한 이해가 높고, 어떤 정보를 어디에서 구

     PART 2 | 성공적인 보고를 위한 준비

할 수 있는지 'Know-where'를 잘 알고 있다.

- 우선적으로 협조를 받을 수 있는 잘 가꾸어진 인적 네트워크를 가지고 있다.
- 평소에도 각종 정보 수집에 관심이 많아서 정보를 잘 수집하고 관리하다 보니 쓸 만한 정보안지 아닌지 감별하는 능력이 발달했다.

사실 두 번째에서 네 번째 특징은 금방 배우기 어렵다. 시간과 노력을 많이 투자해야 한다. 하지만 첫 번째 특징은 비교적 쉽게 배울 수 있다. 그 방법을 지금부터 학습할 것이다.

정보 수집 계획을 세워라

조직 활성화 팀에 근무하는 김 대리의 경우를 보자. CEO가 조직 내 의사소통에 문제가 있다고 지적하고 조직활성화팀에 그 문제를 개선하라고 지시했다. 이 지시를 수행하기 위해서 먼저 '조직 내 의사소통 문제'를 조사하여 팀장에게 1차 보고를 하려고 한다. CEO의 지시를 전달한 팀장에 따르면 CEO는 조직의 의사소통이 보다 원활하게 이루어지기를 바란다고 한다. 김 대리는 CEO가 예전에 '우리 회사 임원들 회의가 너무 많은 것 아닌가?'라는 말을 한 적이 있다는 것을 떠올렸다. CEO 입장에서 생각하는 의사소통 문제는 일반 직원들 사이의 문제라기보다는 임원들과 관련되어 있을 것이라고 생각했다. 또 임원이 참가하는 회의의 효율성이 회사에 미치는 영향이 매우 크다고 판단했다. 그래서 김 대리는 보고 전략수립 단계에서 '경영진이 참가하는 회의 효율성에 문제가 있다'라는 핵심 메시지를 설정했다. 그리고 이 보고의 성공을 위해서는 무엇보다 정확한 실태 조사가 중요하다고 생각했다. 이에 따라 정보 수집 계획을 수립하여 타 팀의 협조 요청에 대한 승인을 얻기 위해 팀장을 만났다. 김 대리의 계획 내용은 다음과 같았다.

계획 내용

임원이 참석하는 모든 정기 회의체를 주관 부서별로 파악하여, 각 회의체별 참석 인원, 연간 횟수, 1회당 소요 시간을 연간 단위로 분석한다.

김 대리의 정보 수집 배경과 계획을 들은 팀장은 다음과 같은 피드백을 주었다.

팀　　장 : 광범위한 주제를 아주 현실적이고 구체적으로 잘 전환했군. 그런데 김 대리. 이 보고의 핵심 메시지가 뭐라고 했지?

김 대리: 현재 경영진이 참가하는 회의 효율성에 문제가 있다는 겁니다.

팀　　장: 그렇다면 지금 수집하려는 이 정보들이 그 핵심 메시지를 증명하는 것과 어떤 관련이 있지?

김 대리: 회의체들을 점검하다 보면 뭔가 쓸 만한 정보가 발견이 될 것이라고 생각합니다.

팀　　장: 그건 좀 막연하군. 잘 될 수도 있지만 그렇지 않을 수도 있다는 뜻 같군. 의사소통의 실태는 파악할 수 있겠지만 직접적인 문제점을 알아낼 수 있을까? 가령 조사해보니 경영진 회의체가 모두 4개가 있고 연간 500시간이 소요된다고 치세. 그 정

　　　　　　　　　　　　　　PART 2 | 성공적인 보고를 위한 준비

보가 우리에게 무엇을 말해주지? 그래서 어떻다는 거지?

김 대리 : …

팀　　장 : 가설을 입증할 정보가 무엇인지 한 번 더 고민해보게. 회의체의 무엇을 파악해야 문제점이 보이겠는지, 그 정보를 어떻게 하면 확보할 수 있겠는지를 생각해보게. 현재 계획대로 정보를 수집한다면, 어렵게 정보를 수집하고도 활용을 못하게 될 수가 있어. 시간과 노력만 낭비하고 뜬구름 잡는 보고를 해야 할지 몰라. 시간이 별로 없네. 다음 주 초에 사장님께 보고를 드려야 하네.

김 대리의 사례는 계획이 정교하지 않은 정보 수집의 문제점을 보여주고 있다. 팀장의 피드백처럼, 계획 없는 정보 수집은 시간과 노력을 낭비하게 만든다. 특히 조직에서 수행하는 정보 수집은 타 팀의 협조를 구하는 경우가 많아서 적절하지 않은 정보인 경우에도 재요청을 하기가 쉽지 않다. 제주 은갈치를 잡기 위해서는 은갈치가 지나가는 시기에, 지나가는 길목에, 좋아하는 미끼를 준비해서 낚싯대를 내려야 한다. 막연히 넓은 제주 바다에 낚싯대를 드리워서는 성공할 가능성이 적다. 신속하고 적절한 정보를 수집하기 위해서는 세심한 사전 계획이 필요하다. 다음 체크리스트들을 통해 검토해보자.

정보 수집 계획을 위한 체크리스트 (보고 논리 구성 이전에 할 경우)

1. 보고의 핵심 메시지는 무엇인가?

　　보고 전략 수립 단계에서 설정한 핵심메시지를 다시 확인하라.

2. 보고의 목표는 무엇인가?

　보고 전략 수립 단계에서 세운 보고의 목표를 다시 확인하라.

3. 보고 목표 달성을 위해 핵심메시지를 뒷받침하려면 어떤 정보가 필요한가?

　상사로부터 위 목표를 달성하기 위해 어떤 정보가 필요할지 파악하라. 상사가 최종 승인을 하기 위해 필요로 하는 정보와, 상사가 세밀한 상황 파악을 하기 위해 필요로 하는 정보는 다를 수 있다.

4. 그 정보가 왜 필요한가?

　정보의 필요성을 구체적으로 파악하라. 시간이 부족할수록 핵심 정보 수집에 치중하고, 꼭 필요한 정보와 있으면 좋을 정보를 구분하라.

5. 그 정보를 어떤 형태로 수집해야 하는가?

　크게 보면 정보는 정량적 정보(만족도, 횟수, 비용 등)와 정성적 정보(안건 리스트, 사람들이 실제로 하는 밀 등)로 나누어진다. 정량적 정보는 정리하기 쉽고, 객관적으로 제시할 수 있다는 장점이 있고, 정성적 정보는 정량적 정보에서는 파악하기 힘든 미묘한 변화나 통찰을 체감도 높게 얻을 수 있다는 장점이 있다.

6. 그 정보를 어떤 방법으로, 언제까지 수집하겠는가?

　보고서 완성 일자를 기준으로 정보 수집 기한을 설정하라. 가장 효과적으로 받을 수 있는 방법을 결정하라. 중요한 정보를 뒤늦게 구해서 보고서 전체를 수정해야 하거나 아예 활용하지 못하는 일이 생기면 곤란하다.

　　　　　　　　　　　　　　PART 2 | 성공적인 보고를 위한 준비

7. 그 정보를 갖고 있는 사람은 누구이며 어떻게 정보를 얻겠는가?

정보를 가진 사람만 파악하면 정보 수집의 절반은 끝난 것이다. 정보의 중요도, 기밀성 등을 고려하여 공식적으로 요청할지 비공식적으로 요청할지, 직접 요청할지 상사를 통해서 요청할지를 결정한다.

정보 수집 계획을 위한 체크리스트 (보고 논리 구성 이후에 할 경우)

보고 논리 구성을 한 다음 정보 수집을 하게 되면 위 7단계는 다음과 같은 4단계로 단축될 수 있다. 피라미드 구조를 통해서 '무엇을 말하기 위하여', '그것을 뒷받침할 어떤 메시지들이 필요한가?' 하는 내용은 이미 정리했으므로 필요로 하는 정보들이 구체화가 되어 있는 상태인 것이다. 물론 정보 수집을 하는 과정에서 필요한 정보를 찾지 못하거나 예측한 것과 달라서 논리 구성이 변하는 경우는 있을 수 있다.

1. 피라미드 구조의 각 박스들이 필요로 하는 정보는 무엇인가?
2. 어떤 형태로 그 정보를 수집해야 하는가?
3. 어떤 방법으로, 언제까지 수집하겠는가?
4. 그 정보를 갖고 있는 사람은 누구이며 어떻게 정보를 얻겠는가?

이렇듯 정보 수집을 보고 논리 구성 단계 이후에 하는가, 이전에 하는가에 따라서 수집할 정보를 찾는 질문 내용에 차이가 있다. 하지만 변하지 않는 것은 '주장하는 바를 뒷받침할 수 있는 정보'를 '구체적인 계획 하에 찾으라.' 는 것이다. 그렇다면 김대리는 정보 수집 계획을 어떻게 수립해야 할까? 다음 질문 내용을 기준으로 파악해 보자.

- 보고의 핵심 메시지는 무엇인가?

  - 경영진이 참가하는 회의의 효율성에 문제가 있다.

- 보고의 목표는 무엇인가?

  - 상사가 경영진 회의 비효율성의 문제에 동의하고 개선책 마련을 지시하게 한다.

- 보고 목표 달성을 위해 핵심메시지를 뒷받침하려면 어떤 정보가 필요한가?

  - 경영진 회의 운영 실태 정보 (불필요 회의 내용과 건수, 부적합 안건 내용과 건수, 회의 준비의 비효율성, 운영의 비효율성, 회의록 작성과 열람 여부, 기타 후속 조치 확인)

- 그 정보가 왜 필요한가?

  - 필요가 없으면서도 관례적으로 실시하는 회의 건수 파악

  - 해당 회의의 안건으로 적합하지 않은데 수시로 다루어서 회의 전체의 효율성을 떨어뜨리는 안건 파악

  - 회의 준비, 운영, 후속 조치에 있어서의 비효율성 파악

- 그 정보를 어떤 형태로 수집해야 하는가?

  - 정성적(담당자 의견) 형태, 정량적(횟수, 날짜, 개수, 가부) 형태.

- 그 정보를 어떤 방법으로, 언제까지 수집하겠는가?

  - 내일 오전 중에 각 정보 담당자들과 전화 인터뷰를 통해 정성적 정보를

취합한다. 이메일로 설문서를 발송하여 정량적 정보를 수집한다. 수요일 아침 9:00시까지 정량적 정보 취합을 완료한다.

• 그 정보를 갖고 있는 사람은 누구이며, 어떻게 정보를 얻겠는가?
  – 각 사업부 기획팀 회의 담당자 (○○씨, ○○씨, ○○씨, ○○씨, ○○씨)

위와 같이 필요로 하는 정보가 무엇인지 분명히 파악하여 어떤 형태, 어떤 방법으로 수집할 것인지까지 잘 계획하면 시간 낭비를 줄이고 타 팀과의 업무 협조를 보다 원활히 할 수 있을 것이다.

정보를 보다 잘 수집하고 싶다면 아래의 양식을 잘 활용하자. 계획 내용이 한 눈에 들어올 것이다. 특히 다양한 정보들을 여러 곳으로부터 수집하는 도중 변경이 생겼을 때 변경 사항을 쉽게 파악하여 오류 발생을 줄일 수 있다. 또한 나중에 유사한 보고를 할 때 참조할 수 있는 자료가 될 것이다.

보고 제목 :
핵심 메시지 :
보고의 목표 :

필요한 정보	필요성	정보 형태	정보원	정보 수집 방법	시한

CHAPTER 06

보고의 시나리오를 구상하라

보고 전략을 수립하고, 핵심 메시지에 대한 논리 구성을 하고, 필요한 정보까지 수집했다면 이제 보고서 작성을 시작해도 된다. 하지만 보고서를 작성하기 전에 수행하면 도움이 되는 작업이 있다. 바로 '보고의 시나리오'를 먼저 구상해보는 것이다. 보고의 시나리오 구상이란 보고자가 상사 앞에서 말할 전체 내용을 미리 생각해보는 것이다. 앞서의 보고 논리 구성 작업이 피라미드 구조를 활용해서 보고 내용의 논리를 만드는 작업이었다면, 보고 시나리오 구상 작업은 실제 상사 앞에서 말할 내용의 처음부터 끝까지를 구조화하는 것이다. 즉 보고 시나리오에는 논리 이외의 기타 요소들이 추가된다. 마치 목걸이를 만들기 위해 실로 구슬을 엮듯, 보고 내용이 완성을 위해 흡인력 있는 언어로 논리를 엮는 작업이다.

그렇다면 이러한 시나리오 구상 작업을 왜 보고서 작성 후에 하지 않고 작성 전에 하는 것이 더 좋을까? 시나리오는 보고서가 상세히 완성된 후에야 작성할 수 있는 게 아닐까?

보고서를 사용하는 보고의 경우, 보고서가 1차 완성되어야 상세한 시나리오 작성이 가능하다. 하지만 이 경우에도 보고서를 작성하기 전에 시나리오를 먼저 구상하여 큰 흐름을 미리 잡아보는 것이 좋다. 그 이유는 첫째, 보고에 꼭 필요한 내용만 보고서에 담기 위해서다. 보고서는 보고의 '목적'이 아니라 보고를 명확하고 설득력 있게 하기 위한 '도구'다. 따라서 주요 흐름을 벗어나지 않도록 작성하는 것이 중요하다. 둘째, 구두 보고의 중요성이 증가하고 있기 때문이다. 최근 보고서가 점점 얇아지는 추세이다. CEO에게 하는 보고도 1~3장의 보고서만 사용하라고 권하는 회사가 많아지고, 임원 보고도 보고서 없이 구두로 하는 회사들이 생기고 있다. 서면 보고를 준비했을 경우에도 대부분의 상사들이 구두 설명을 요청한다. 열심히 준비한 보고서는 옆으로 밀쳐놓은 채 말로 요약해달라고 하는 상사들도 많다.

정리하자면 다음과 같다. 보고서 작성을 시작하기 전에 보고의 전체 흐름, 즉 시나리오를 먼저 구상하는 것이 보고서 작성의 효율을 높이며, 실제 보고를 할 때에도 명료하게 설명할 수 있어 설득력을 높인다는 것이다. 단 구두 보고의 경우에는 보고서를 작성할 필요가 없으므로, 구두로 보고할 흐름 즉 시나리오를 크게 구상해본 후에 그 틀에 맞추어 세부 상항까지 바로 작성을 하면 된다. 이때 작성하는 시나리오는 다른 사람에게 보여주기 위한 자료가 아니라 보고자 자신의 사전 준비를 돕는 도구임을 잊지 말자.

시나리오 작성 방법

다음은 시나리오를 작성하는 데 도움이 되는 3가지 방법이다.

방법 1. 영화 시나리오처럼 말의 처음부터 끝까지 모두 완성된 문장으로 적는다.

보고자가 부담감이 너무 커서 심하게 긴장했을 때의 보고 상황에 적용하면 좋다. 자신이 보고를 할 때 말할 내용을 토씨 하나 빠뜨리지 않고 모두 다 작성하는 방식이다. 그런데 이렇게 작성을 한 경우에는 작성 내용을 그대로 읽거나 외우게 되는 경향이 있어서 보고자의 신뢰도와 내용의 전달력이 떨어진다. 또 시나리오 없이는 자기 보고 내용의 핵심을 머릿속에 떠올리기 힘든 단점도 있다. 자연스러운 구어체로 작성해야 하며, 주요 부분은 밑줄 또는 굵은 글씨로 표시를 한다. 여러 번의 연습을 반복하여 자연스럽게 말할 수 있도록 해야 한다.

방법 2. 말하고자 하는 주요 내용의 순서를 잡을 수 있도록 키워드만 작성한다.

일반적으로 보고자들이 많이 사용하는 방법이다. 보고의 주요 흐름을 놓치지 않는데 도움이 된다. 이 경우는 한 내용에서 다른 내용으로 넘어가는 부분의 연결이 어려울 수 있으므로 연결 문구들을 잘 만들어 연습해 보면 좋다. 내용이 전환될 때 연결이 어렵다는 것은 보고자의 머릿속에 내용의 논리적인 연결이 부족하다는 의미이기도 하므로 연결 문구를 만드는 작업은 논리 구성이 부족한 부분을 보완해준다.

방법 3. 설명이 어려운 부분은 완성된 문장으로, 나머지 부분은 키워드만 작성한다.

방법 1과 방법 2를 합친 절충안이다. 보고자가 긴장을 하거나 내용의 난이도가 높아 간결하고 자연스럽게 설명하기 힘든 부분은 완성된 문장으로 시나리오를 작성하고, 나머지는 흐름만 명확히 알 수 있도록 작성하는 방식이다. 시나리오 작성 방법들 중에서 가장 효율적인 방법이라 할 수 있다. 이 경우에도 한 내용에서 다음 내용으로 넘어가는 연결 부분을 만들어서 논리 구성을 점검하고 자연스러운 설명이 가능하도록 해두면 더 좋다.

OBC 패턴을 사용하라

위 세 가지 방법의 공통점은 보고 언어의 시작과 끝까지를 전부 계획한다는 것이다. 말의 시작에서부터 끝까지를 계획할 때 도움이 되는 보고의 구조, 'Opening – Body – Closing' 패턴을 여기서 개략적으로 살펴보자(상세한 내용은 3부의 2, 3, 4장에 걸쳐서 소개되어 있다). OBC 패턴은 1대 1 보고, 1대 다수 프레젠테이션 등과 같은 비즈니스 커뮤니케이션을 할 때 실제 보고의 전체 흐름을 잡는데 적용하면 좋다. OBC 패턴은 다음과 같은 특징이 있다.

- 상사의 경청 욕구를 불러일으키는 구조다.
- 상사가 생각하는 과정을 배려한 구조다.
- 상사가 주요 내용을 효과적으로 파악할 수 있도록 돕는 구조다.
- 논리적 호소력과 감성적 호소력을 모두 담을 수 있는 구조다.

Opening 단계에서는 먼저 상사에게 인사를 하고, 어떤 보고 건인지를 말하고, 상사의 주의를 보고의 주제에 집중시킨다. 그 다음 보고의 결론을 먼저 말하고, 보고가 어떤 목적으로 어떤 순서로 얼마의 시간 동안 진행되는가를 말하여 상사가 Body의 주요 내용들을 잘 들을 수 있도록 도와준다.

Body 단계는 각 주요 내용을 설명하고, 설명에 대한 근거를 제시하고, 다음 내용으로 매끄럽게 전환하여 상사가 보고의 내용을 명확히 파악할 수 있도록 하는 단계다. Closing 단계는 주요 내용들을 요약하여 강조하고, 궁금한 점에 답하거나 쟁점이 되는 부분들을 논의한 후, 상호 논의된 부분을 요약·확인하고, 인상 깊게 보고를 마치는 단계이다.

OBC 패턴의 각 단계가 전체 보고에서 차지하는 시간 비중은 정해져 있지는 않다. 하지만 질문이 들어오고 답변하는 시간을 제외하면, 각각 10%-85%-5% 정도로 구성하는 것이 적절하다. 아래 도표를 살펴보자.

똑같이 세 단계로 이루어져 있기는 하지만 OBC 패턴은 서론-본론-결론 구조와는 차이가 있다. 서론-본론-결론 구조는 서론에서 도입하

여 본론에서 전개한 다음 결론에서 핵심 메시지를 말하는 구조이다. 반면 OBC 패턴에서는 보고에서 말하고자 하는 모든 주요 내용, 즉 보고의 서론, 본론, 결론 모두가 Body에 들어간다. Opening은 보고의 본 내용에 들어가기 전에 말하고자 하는 내용을 안내하여 상사의 주의를 100% 보고로 집중시키는 단계이고, Closing은 준비한 내용 설명을 모두 마친 후에, 보고의 핵심을 한 번 더 강조하여 보고의 목표 달성을 돕는 단계이다.

이상 살펴본 OBC 패턴을 활용하면 무슨 말부터 시작해야 할까 막막해하지 않고 내용을 작성할 수 있다. 짧은 시간 내에 내가 잘 말할 수 있고, 상대가 보다 잘 알아들을 수 있고, 그와 동시에 핵심을 놓치지 않고 부각시키는 말의 구조를 만들 수 있다.

지금까지 살펴본 보고 내용을 구조화하는 도구들, 즉 E.C.O.R분석, 피라미드 구조, OBC 패턴이 어떻게 연결되는가를 한 눈에 들어오도록 살펴보자.

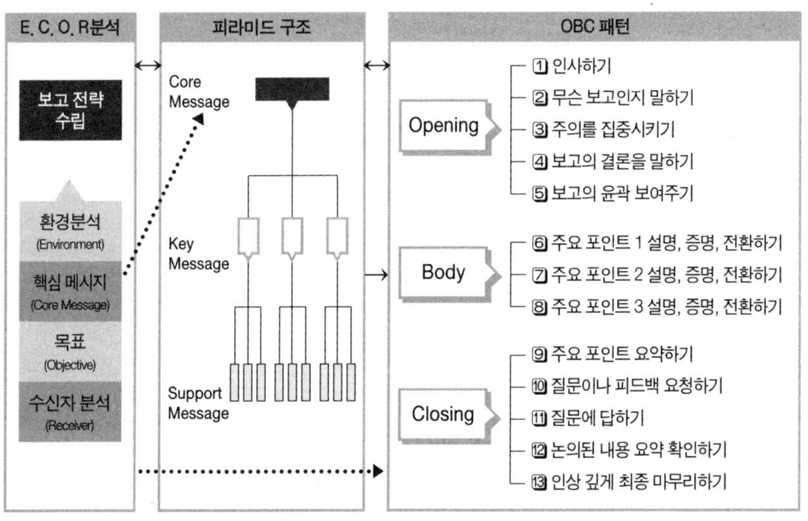

도표에서 보듯이 '보고 전략 수립 단계'와 '보고 논리 구성 단계'는 서로 영향을 주고받는다. 보고 전략 수립 시 설정한 전략들을 반영하여 최적의 논리를 구성할 수 있다. 또 보고 전략 수립 단계에서 설정한 핵심 메시지를 뒷받침할 메시지들을 논리 구성 단계에서 찾아낼 수 있다. 다만 정보를 수집하여 논리 구성을 하다가 근거가 부족한 경우에는 핵심 메시지를 수정할 수도 있다.

보고 전략 수립 단계는 OBC 패턴의 구성에도 영향을 미친다. 어떤 Opening과 Body와 Closing이 적절할지 결정하는 것은 논리 구성 단계의 결과물에서만 영향을 받는 것이 아니다. 보고 전략 수립 단계의 영향도 받는다. 예를 들면 보고 상황에 따라서 기존 보고 내용을 요약하면서 보고를 시작할 수도 있고, 수신자의 관심사와 성향에 따라서 보고에 주의 집중을 시키는 내용과 방법이 달라질 수 있는 것이다. Closing 단계의 최종 마무리는 상사에게 구체적인 사항을 요청하는 문장으로 표현될 수 있다. 이 때 상사에게 요청하는 사항은, 보고 전략 수립 단계에서 세운 보고의 목표를 직접적으로 혹은 완곡하게 표현하는 것이다.

보고 논리 구성 단계에서 만든 피라미드 구조의 내용들 중에서 Key 메시지와 Support 메시지는 그대로 OBC 패턴의 Body 단계로 들어간다. 이 때 3개의 Key 메시지가 곧 Body 부분의 3개의 주요 메시지를 설명하는 내용이 된다. 또 각 Support 메시지들은 Body의 주요 메시지를 증명하는 내용이 된다.

지금까지 보고 전략 수립의 도구 E.C.O.R과, 논리 구성의 도구 피라미드 구조와, 말의 구조를 만드는 도구 OBC 패턴과의 유기적 관계를 개략적으로 살펴보았다. 최종 단계인 OBC 패턴은 상사 앞에서 구두로 수행할 보고의 실제 내용이다. 이 패턴을 활용하여 시나리오를 구상하고, 이 시나리오를 뒷받침할 보고서를 작성하게 된다. 아래의 표와 같이 OBC 패턴을 활용하면 막연히 쓰는 것보다 훨씬 체계적이고 쉽게 시나리오를 작성할 수 있을 것이다.

Opening	① 인사하기 ② 무슨 보고인지 말하기 ③ 주의를 집중시키기 ④ 보고의 결론을 말하기 ⑤ 보고의 윤곽 보여주기	
Body	⑥ 주요 포인트 1 설명, 증명, 전환하기 ⑦ 주요 포인트 2 설명, 증명, 전환하기 ⑧ 주요 포인트 3 설명, 증명, 전환하기	
Closing	⑨ 주요 포인트 요약하기 ⑩ 질문이나 피드백 요청하기 ⑪ 질문에 답하기 ⑫ 논의된 내용 요약 확인하기 ⑬ 인상 깊게 최종 마무리하기	

앞서 소개한 3가지 방법 가운데 어느 방식이든 자신에게 도움이 되는 방법을 쓰면 된다. 하지만 가장 효율적인 방법은 Opening과 Closing 부분은 실제로 말하는 것처럼 완전한 문장으로 작성하고, Body 부분은 키워드 방식으로 작성하는 것이다. Opening, Body, Closing 각 단계의 시나리오를 더 상세하게 완성하기 위한 세부 단계 학습은 보고서 작성법을 익힌 다음 3부에서 자세히 설명하였다.

CHAPTER 07

보고서를 작성하라

말로 보고를 하는 것보다 보고서 작성을 더 힘들어하는 사람들이 많다. 어떤 말을 할지 전체 구도를 잡는 것은 어렵지 않은데 막상 보고서를 작성하려고 하면 어떤 양식, 어떤 용어를 사용해서 정리해야 할지 막막하다는 것이다.

보고서를 잘 쓰는 사람들이 사용했던 양식과 용어를 따라 해보는 방법도 있다. 하지만 내용을 억지로 기존의 틀에 맞춰 넣다 보니 불편하고 개성이 없어져서 마음에 들지 않는다. 기획팀처럼 업무상 문서 작업을 자주하는 팀에서 일하지 않는 이상 누구나 오랜만에 보고서를 작성하려 하면 대개는 생각을 문서화하는 작업이 힘들다. 이번 장에서 보고서 작성하는 방법을 정리하며 이런 어려움을 극복해보자. 먼저 보고서를 작성하는 세부 단계를 살펴보자. 간략히 요약하면 다음과 같다.

1. 말하듯이 초안 잡기 또는 피라미드 구조와 연결하기

2. 시각화하기

3. 최종 수정하기

위 세부 단계를 진행할 때의 요령은 처음부터 완벽하게 쓰려고 하지 말고 먼저 스케치를 하라는 것이다. 그런 후 그림을 좀 더 자세히 그려 가듯이 작업을 하면 좋다. 이 장에서 다루는 보고서 작성법은 1page 보고서나 이메일 보고서가 아니다. 파워포인트를 이용하여 3장 이상으로 작성하는 보고서 작성법이다. 1page 보고서나 이메일 보고서에 대해서는 이 책 뒷부분의 부록에서 따로 다루었다.

말하듯이 초안 잡기

김 대리는 구두 보고를 할 때 참 논리적이고 명쾌하다. 준비도 잘 하고 결론을 명확하게 맺어 의사 전달이 잘 이루어진다. 그런데 김 대리의 문제점은 문서 보고가 잘 안 된다는 것이다. 구두 보고를 하면서는 별로 어려움을 느껴본 적은 없는데, 보고서만 작성하려고 하면 시간이 많이 걸리고 스트레스를 받는다. 잘 작성된 동료의 보고서 양식을 활용해보지만 그렇게 작성하면 자신이 말하려던 중요한 부분들이 누락되기 일쑤다. 그래서 가능한 문서 보고를 피하다 보니 보고서 작성 능력이 더욱 개발되지 않았다.

하지만 연차가 높아질수록 보고서 작성을 할 일이 점점 많아졌다. 자신의 보고서 작성 능력에 개선의 기미가 없자 답답해진 김 대리는 평소 절친하게 지내는 선배인 다른 팀의 최 과장을 찾아갔다. 최 과장은 김 대리

의 고민을 듣더니 딱 한 마디로 이야기했다. "말하는 내용을 그대로 옮겨. 너는 말을 참 잘하잖아." 하지만 그 말을 듣고 난 후에도 김 대리는 여전히 답답했다. 말을 그대로 옮기면 그게 수필이지 보고서인가?

여기서 최 과장의 조언도 절반은 맞다. E.C.O.R단계나 피라미드 작업 없이 바로 보고서의 초안을 잡을 때에는 하고 싶은 말을 그대로 글로 옮기면 쉽게 보고서 작성을 시작할 수 있다. 다만 말과 글은 엄연히 차이가 있다. 말은 내용에서 부족한 점이 있으면 바로 부연 설명을 하거나 뒤에 하려고 했던 말을 앞으로 당겨서 해도 되지만, 글은 순서가 뒤죽박죽되어 있으면 혼란스럽다. 글에서는 있어야 할 내용이 적절한 자리에 위치해야 한다.

따라서 초안을 잡을 때는 말을 그대로 글로 쓰되, 이후 시각화 작업과 최종 수정 및 완성하기 작업에서 글의 특징들을 살려주어야 한다.

피라미드 구조와 연결하기

앞서 보고 논리 구성 단계에서 피라미드를 작성할 때를 떠올려보자. 이미 상사에게 전달할 논리적인 흐름을 생각하며 작업을 했다. 이렇게 논리 구성 작업을 선행한 상태라면 다음과 같이 피라미드와 보고서를 연결하면 효과적이다. 먼저 피라미드의 주요 내용을 다시 살펴보자.

- Core Message : 핵심 메시지 또는 결론. 보고를 통해 말하고 싶은 가장 중요한 한 문장.
- 논리 얼개 : Core Message에 대하여 상사가 던질 것이라 예상되는 핵심적인 질문 3개.

- Key Message : 논리 얼개에 맞추어 뽑아낸 주요 메시지 3개.
- Support Message : Key Message 각각을 지원하는 메시지 3개.

보고서를 잘 작성했다면 상사가 보고서를 앞뒤로 뒤적거리지 않는다. 상사가 보고 싶은 순서, 궁금해 하는 순서대로 내용이 배치되어 있기 때문이다. 대부분의 상사들은 보고를 듣거나 보고서를 검토할 때 '이게 뭐지?(무엇) - 왜 하자는 거지?(왜) - 어떻게 하자는 거지?(어떻게)' 라는 질문을 속으로 생각하고 있다. 혹은 직접 질문을 한다. 보고 사안에 따라서 상사들은 '문제가 뭐야? - 원인은? - 그래서 어떻게 해결하자는 거지?' 라고 질문 할 수 있고, '현재 진행 상태는? - 향후 진행 계획은? - 내가 뭘 지원해야 하지?' 라고도 질문 할 수 있다. 그러한 질문에 답하는 흐름으로 보고서의 순서가 배치되는 것이 바람직하다. 피라미드의 각 부분과 보고서의 연결은 다음과 같다.

- 피라미드의 Core Message는 보고서의 제목과 부제로 연결된다.
- 피라미드의 Key Message를 뽑기 위해 만들었던 논리 얼개는 보고서의 목차로 연결된다.
- 피라미드의 Key Message는 보고서의 각 목차별 핵심 메시지가 된다.
- 피라미드의 Support Message는 각 목차별 핵심 메시지의 근거 메시지가 된다.

예시를 살펴보자. 다음 그림은 첫 번째 단계로 Core Message를 보고서의 제목과 부제로 바꾼 것이다. 피라미드의 Core Message를 보고서의 제목으로 전환하였다. 부제까지 활용하여 핵심 메시지를 선명하게 보여주고 있다. 이렇게 보고 전체의 핵심 메시지가 가능한 선명하게 드러나는 제목은 바쁜 와중에도 상사가 보고서를 집어들 수 있게 만든다. 물론, 이때 제목 자체가 상사에게 매력적이어야 한다. 상사에게 매력적이라는 의미는 상사가 관심을 가질 수 있어야 한다는 뜻이다.

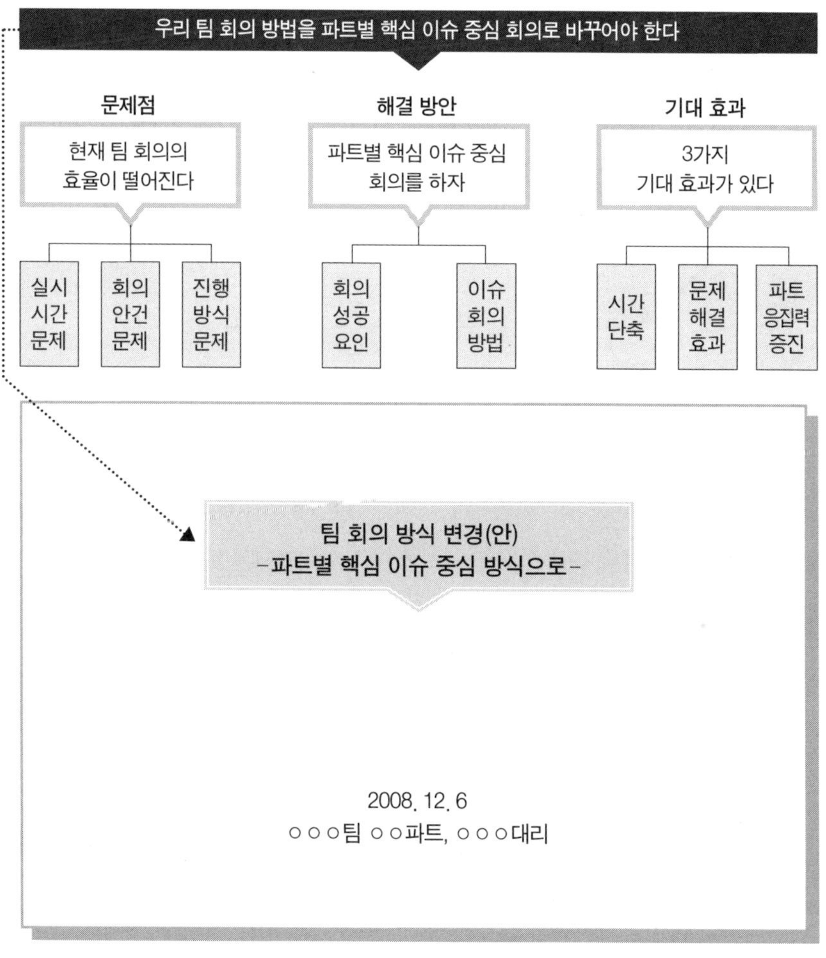

　　　　　　　　　　　　　　

두 번째 단계는 논리의 얼개를 보고서의 목차로 바꾼 것이다.

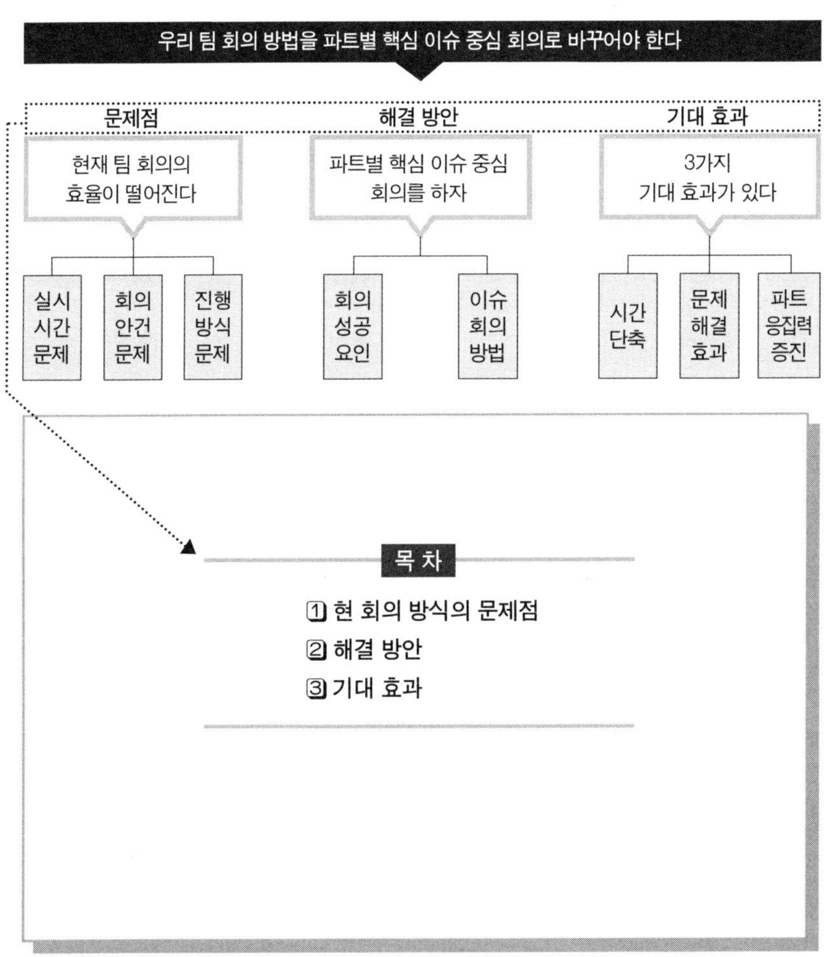

예시처럼 목차가 3개 정도이고, 보고서의 분량이 적은 경우는 다음 그림과 같이 제목 페이지와 목차 페이지를 한 페이지에 넣어도 좋다.

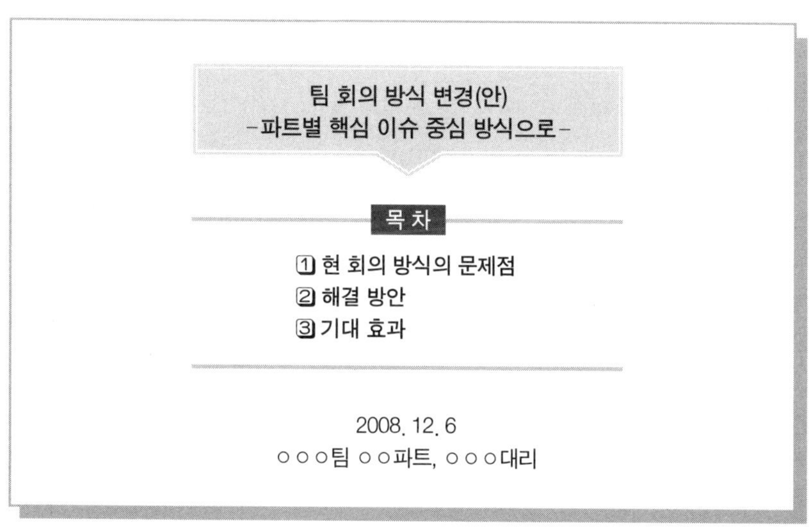

다음은 세 번째 단계로 Key Message를 각 목차별 핵심 메시지로 만드는 것을 보여주고 있다.

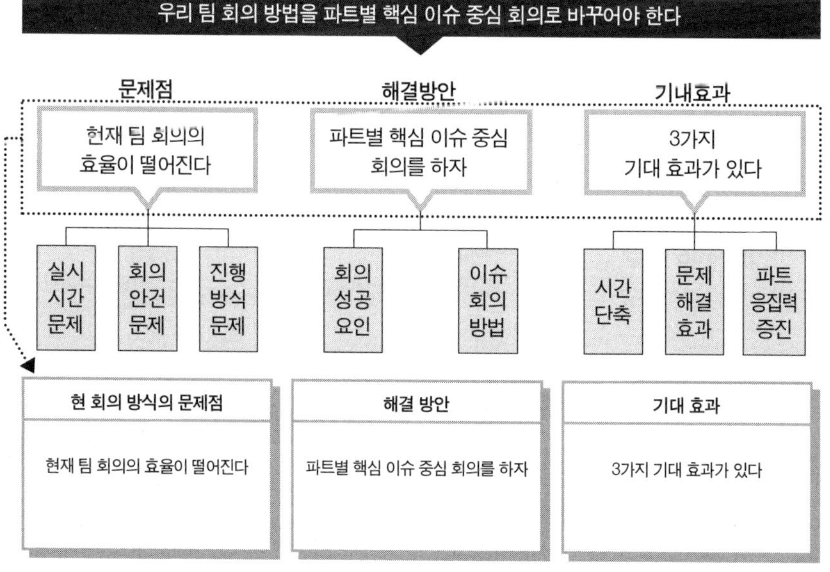

보고서의 양식에 따라서 핵심메시지는 headline에 위치할 수도 있고 bottom line에 위치할 수도 있고, 오른쪽에 위치할 수도 있고 생략될 수도 있다. 일단 초안을 쓰는 단계에서 중요한 것은 문장을 일일이 다듬거나 내용을 세련되게 디자인하는 것이 아니라 보고서의 각 페이지 별로 들어가야 할 것을 제 위치에 제대로 들어가게 하는 것이다.

네 번째 단계는 Support Message를 각 목차별 핵심 메시지의 내용으로 넣는 것이다. Support Message를 배치할 경우에도, 미세한 다듬기나 시각화에 신경 쓰지 말고 아래 예시처럼 일단 해당 Key Message 아래에 배치를 시킨다.

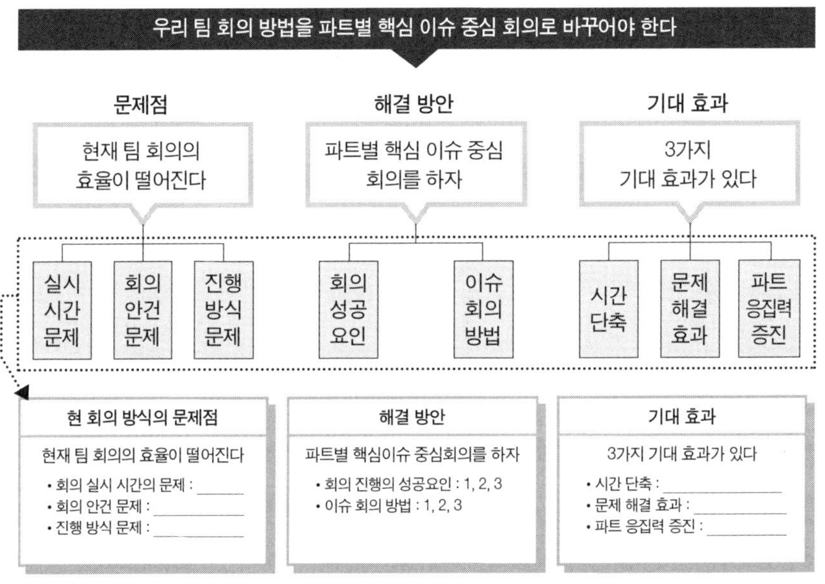

지금까지 살펴본 네 단계 작업은 파워포인트에 능숙하다면 바로 파워포인트로 작업해도 좋고, 종이에 적는 것이 편안하면 종이 위에 스케치를

해도 좋다. 혹은 넓은 post-it 을 활용하여 내용의 위치를 이리저리 바꾸어가며 작업을 하는 방법도 있으며, 화이트보드에 그려가면서 해도 좋다. 실제 보고서로 옮겨졌을 때의 모습을 생각하며 이렇게 그려보는 작업을 하다 보면 두뇌가 자극이 되어 큰 그림을 그릴 때에는 미처 생각하지 못했던 세부 정보들이 자연스럽게 떠오르기도 한다.

시각화하기

'시각화'란 보고서의 내용이 좀 더 눈에 잘 들어오도록 만드는 작업이다. 사람의 기억은 귀로 들은 것보다 눈으로 본 것을 더 오래 기억한다. 시각적인 이미지는 텍스트보다 내용을 더 효율적이고 정확하게 전달하므로 보고서 작업에서 시각화는 매우 중요하다. 그림을 포함하여 각종 이미지, 그래프, 도표 등을 사용하여 가독성을 높이는 것이다. 또한 메시지를 간결하고 명확하게 표현해 주므로 전달력을 높일 수 있다. 어떻게 해야 효과적인 시각화를 할 수 있는지 알아보자.

보고서 개별 페이지의 기본 틀 잡기

피라미드 구조를 보고서와 연결하는 작업을 했으면 이제 각 페이지들을 시각적으로 다듬어본다. 보고서 양식은 회사마다 관례적으로 정해져 있는 경우가 많다. 문서 작업이 많고 형식을 중요하게 여기는 회사들은 심지어 보고서 양식의 글꼴과 글자 크기까지 정해주기도 한다. 만약 상사가 요청하는 양식이 있다면 거기에 따르는 것이 좋다. 하지만 상사 보고 시 가장 효과적인 방법은 상사의 눈의 움직임과 생각의 과정을 고려하고,

내부 커뮤니케이션의 특성을 감안한 후 다음과 같은 양식으로 만드는 것이 효과적이다.

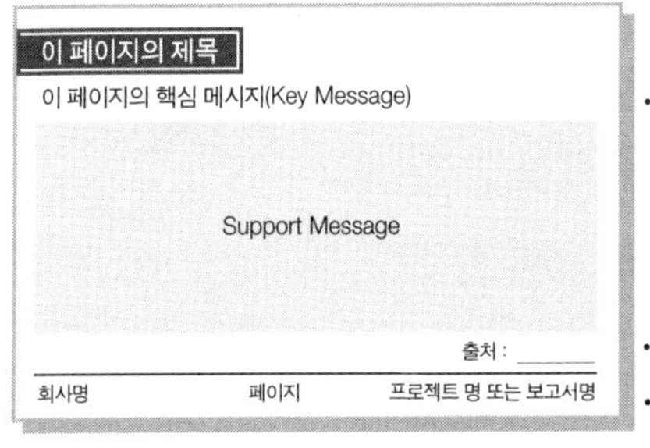

이렇게 상단에 적을 때 Head Message라고 부른다. Governing Message라고도 불린다. Head message를 사용하면 핵심을 파악한 후에 세부 내용을 보게 되기 때문에 커뮤니케이션이 효율적이고 정확해진다.

출처를 잊지 않고 적어둔다. 나중에 찾아 쓰려면 기억하기 어려울 수 있다.

회사명, 프로젝트명 또는 보고서명을 쓰는 위치는 회사별로 차이가 있다. 해당 회사의 관례를 따르는 것이 좋다.

위와 같이 좌측 상단에 제목을 적고, 제목 바로 아래에 그 페이지의 핵심 메시지를 2~3줄 이내로 요약하여 작성하면 상사가 핵심을 파악하기 쉬우며 주의가 분산되지 않고 내용을 읽어 내려가는데 효과적이다. 일반적으로 사람의 시선은 상단에서 하단으로, 좌측에서 우측으로 움직인다. 이러한 움직임에 맞춰서 상사가 보고서의 핵심부터 파악한 후 그 근거들을 보게 하는 방식으로 정리하는 것이다. 만약 Head Message가 없이도 메시지 전달이 선명하다면 Head Message 작성을 생략할 수도 있다. 하지만 내부 보고용 보고서에는 가능한 모든 페이지에 Head Message를 사용하는 것이 상호간 의사소통의 정확성과 효율성을 높여준다.

Support 메시지를 시각화하기

개별 페이지의 기본 틀을 잡았으면 이제 각 페이지의 Support 메시지별로 본격적인 시각화 작업에 들어간다. 보통 양적인 정보만 시각화를 한다고 생각하는데 질적인 정보도 충분히 시각화할 수 있다. 또한 시각화의 방법은 한 가지로 정해져 있는 것이 아니라 매우 다양하다. 시각화의 기본을 잘 이해하고 좋은 모델들을 많이 찾아보며 연습을 계속하면 노하우가 쌓이게 된다. 시각화는 단순히 디자인 능력에서만 나오는 것이 아니다. 효과적인 시각화는 표현하고자 하는 내용의 핵심을 꿰뚫는 능력에서 나온다는 것을 기억하자. 문제 사례를 통해 Support 메시지 시각화의 효과적인 기본 원칙을 익혀보자. 다음은 LCD 제품을 생산하는 업체에서 작성한 고객 분석 보고서의 한 부분이다. 이 보고서의 문제점은 무엇일까?

문제 사례 1.

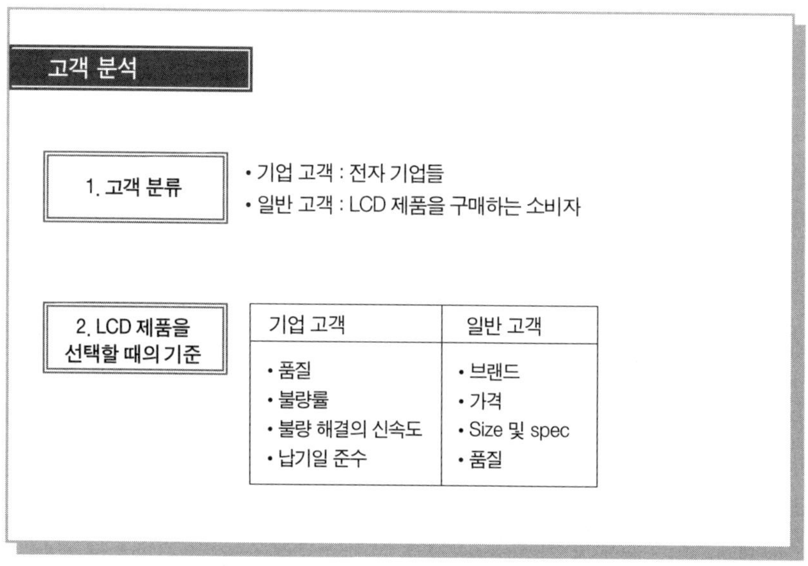

• Key Message가 기술되어 있지 않다

　→ 각 페이지마다 Key Message를 기재한다.

- 제목이 명확하지 않고 제목과 내용과 일치하지 않는다

  → '고객 분석'이라는 제목이 광범위하고 내용이 분석 수준에 이르지 못했다. 그 결과 내용이 빈약해 보인다. 제목을 명확하고 내용과 일치하게 붙이는 데에는 두 가지 방법이 있다. 하나는 보다 구체적으로 기술하는 것이다(예 : '고객별 제품선택기준 분석'). 또 다른 방식은 부제목을 사용하는 것이다(예 : '고객 분석   1) 고객별 제품선택기준'). 이와 같은 부제목 활용 방식은 동일 제목(고객 분석)의 내용이 다수 페이지에 걸쳐서 설명될 경우에 적절하다.

- 전달하고자 하는 메시지가 잘 들어오지 않는다

  → 두 고객 부류 간 제품 선택 시의 차이점을 부각하려는 것이 주요 메시지라면 그것을 상단에 나타내야 한다. 또한 각 기준별 우선 순위나 특히 차이가 두드러지는 요인을 강조할 필요가 있다.

- 정보가 적절한 위치에 적혀 있지 않다

  → '1.고객 분류' 내용은 하단에 각주 처리를 하는 것이 바람직하다. 혹은 상사가 기업 고객과 일반 고객의 분류를 알고 있다면 아예 기록할 필요도 없다.

- 어떤 근거에 의해서 도출된 기준인지 출처가 명시되어 있지 않다.

  → 출처를 명시한다.

- 상사에게 강조할 포인트를 기준으로 작성한 것이 아니라 자기가 말을 하는 순서대로(우리 고객은 두 부류가 있는데, 그들의 A제품 선택 기준이 다릅니다.) 작성하였다.

문제 사례 2.

순위	회사명	2004년 출하량	2005년 출하량	2004년 시장 점유율(%)	2005년 시장 점유율(%)
1	A	208	265	29.1	32.6
2	B	105	145	14.7	18.0
3	C	87	103	12.1	12.7
4	D	44	55	6.2	6.8
5	E	43	51	6.0	6.3
6	F	49	38	6.9	4.7
	기타	178	155	25.0	19.0

- 표가 복잡해서 한 눈에 잘 들어오지 않는다.

- 만약 상사가 표만 읽더라도 자동적으로 머릿속에 그 그림이 그려지며 의미를 해석할 수 있는 경우라면 위와 같은 표는 용인될 수 있다. 그러나 그런 상사는 많지 않다.

- 많은 정보를 정확하게 전달하기에 표는 좋은 도구이지만, 상기의 표는 그래프와 함께 제공되는 것이 효과적이다.

- Key Message의 핵심이 한 눈에 파악되지 않는다. 상단에 한두 줄의 Head Message로 Key Message를 적는 것이 좋다.

- 출처는 제목 옆이 아니라 표 아래쪽에 적는 것이 좋다.

- 제목은 '07년 시장 현황'인데 2004년과 2005년 자료가 제시되어 있다.

문제 사례 3.

• 3개의 포인트가 평면적으로 나열되어 있다. (강조 포인트가 드러나지 않아 주의가 흩어진다).

• 제목과 내용이 정확히 일치하지 않는다.

• Key Message가 없어서 한 눈에 내용을 파악하기가 힘들다.

• 추진 계획 · 요청 사항을 표시하는 도형이 어울리지 않는다.

• 한 장에 많은 내용을 담아 개념적 수준으로 내용이 표현되었다.

• 세 가지(추진계획, 기대효과, 요청사항)를 구성하는 내용들이 기준 없이 나열되어 있어서 짜임새가 없어 보인다.

• 문장 작성에 일관성이 없다. 기대효과 부분에서 '시장 점유율 확대 : 23% → 30%', '브랜드력 강화 : TV시장 World's No.1 유지'로 작성하면 일관성이 높아질 것이다.

문제 사례 4.

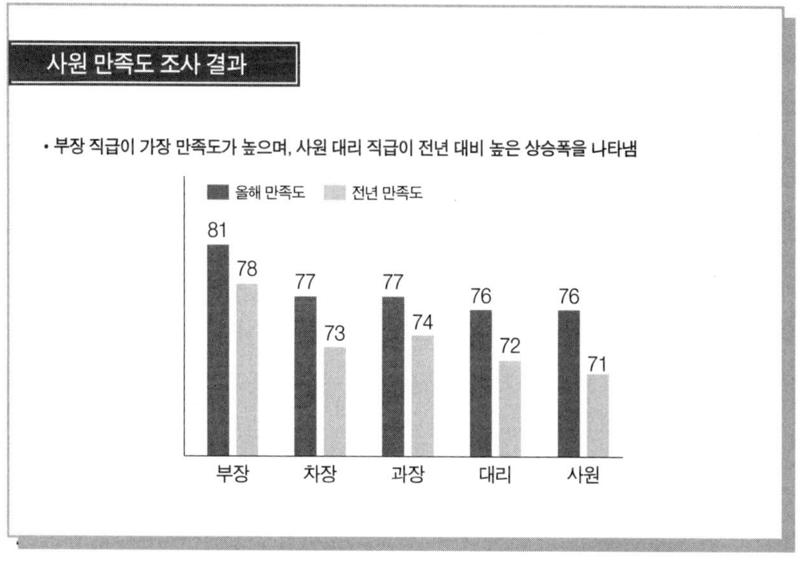

• Key Message를 Support Message가 효과적으로 표현하지 못한다.

• 그래프의 제목이 없다.

• Head Message에는 글머리표를 붙이지 않는 것이 일반적이다.
특히 한 문장으로 작성할 때에는 글머리표가 필요없다.

위와 같은 시각화의 문제들이 나타나는 원인은 대개 다음과 같다.

1. 자신이 강조하고자 하는 포인트가 분명하지 않다.

2. 메시지 간의 관계가 분명하게 파악되지 않았다.

3. Key Message가 Support Message(시각화된 부분)와 불일치하는 부
분을 발견하지 못했다.

  PART 2 | 성공적인 보고를 위한 준비

4. 적절한 방법으로 시각화를 하지 못했다.

5. 시각화의 기본적인 규칙들을 따르지 않았다(제목 달기 등).

그렇다면 효과적인 시각화를 하기 위해서는 어떻게 해야 할까? 우선 가장 먼저 보고서 각 페이지의 Key Message를 확인해야 한다. Key Message가 바로 시각화를 통하여 강조하여야 하는 포인트다. 예를 들면, 문제 사례 4의 경우는 '부장 직급이 가장 사원 만족도가 높고, 사원 대리 직급이 전년 대비 상승폭이 가장 크다는 것'을 강조해야 한다.

두 번째로 Support Message, 즉 보고서 페이지의 세부 내용들이 어떻게 표현되어야 Key Message를 가장 잘 보여줄 수 있는지를 파악한다. 문제 사례 4를 보면 이 때에는 올해와 지난해의 직급별 만족도를 평면적으로 나열하기보다 부장 직급의 점수와 사원 대리 직급의 상승폭이 잘 드러나도록 시각화하는 것이 좋다.

세 번째는 시각화의 기본 가이드라인을 지키되 창의적으로 시각화한다. 삭제할 부분, 강조할 부분, 약화할 부분 등을 파악하며 작업한다. 문제 사례 4에서는 전년도 점수를 삭제하고, 전년 대비 올해의 상승폭을 보여주는 것이 효과적이다. 유의할 점은 보고서의 중요도나 내용에 따라서 시각화에 적절한 작업 시간을 분배하는 것이다. 자칫 별 내용도 없이 과도한 시각화 테크닉을 발휘하여 작업 시간만 낭비하고 전달력은 오히려 떨어질 수 있다.

이제 보고서 시각화의 기본 가이드라인을 살펴보자.

- 보고서에서는 3개 이상의 글꼴이나 3개 이상의 색깔을 사용하지 않는 것이 좋다. 통일성이 없어지고 번잡해진다. 시선이 강조하려는 메시지로 잘 집중되지 않는다.

- 보고서에서는 가능한 애니메이션을 사용하지 않는다. 특히 하드 카피(서면)가 아닌 소프트 카피(PC 파일) 형태로 보고서를 읽을 때에는 애니메이션이 방해가 된다.

- 제목, Head Message, Support Message, 출처, 바닥글 등의 폰트와 위치, 크기는 일관성 있게 유지한다. 공간의 크기에 맞추어서 글자나 그래프의 크기를 늘리거나 줄이지 않는다.

- Head Message를 기술할 때 '가운데 쓰기'를 하지 않는다. 좌측 상단 제목의 시작 부분과 맞추는 것이 깔끔하다.

- 그래프, 도표 등에서 제목, 범례, 축 이름 등을 빠뜨리지 말고 명시한다.

- 강조가 지나쳐서 데이터를 왜곡하지 않도록 유의한다.

- 글자의 크기와 폰트는, 회사별로 마련된 지침이 있는 경우 그것을 따른다. 특별한 지침이 없는 경우에는 다음을 따르도록 한다.

  – 서면 보고서로만 활용하는 경우의 글자 크기 : 제목과 Head Message는 14 정도, 본문은 10~12 정도.

  – 프레젠테이션용 슬라이드로 함께 활용하는 경우의 글자 크기 : 제목과 Head Message는 16~20 정도, 본문은 최소 14.

  – 폰트를 다르게 하여도 강조 효과가 달라지므로, 제목과 Head Message는 본문과 다른 폰트를 사용하는 것이 바람직하다.

　　　　　　　　　PART 2 | 성공적인 보고를 위한 준비

양적 정보와 질적 정보의 시각화

보고서에 담기는 내용들은 크게 양적 정보와 질적 정보가 있다. 각 정보들을 시각화하는 방법은 하나로만 정해져 있는 것은 아니다. 하지만 그 정보의 특성, 정보들 간의 관계에 따라서 전형적인 표현 방식들이 있다. 초보자의 경우는 전형적 표현 방식들부터 익히는 것이 도움이 된다. 그런 후에 한 단계 더 나아가서 자기 스타일을 갖추고 싶다면 전형적 방식들을 넘어선 창의적인 시도를 해보자.

양적 정보 시각화하기

정보 유형	시간 추이	구성비	순위	상관성
메시지 예시	하락하던 매출이 3월을 기점으로 상승세로 전환	영업 사원의 고객 접촉 시간은 전체 시간의 40%	당사의 R&D 투자율은 4개 기업 중 3위	근속 연수와 영업 성과는 무관
그래프 유형	꺾은 선 그래프	원 그래프	막대 그래프	점 그래프

- 꺾은 선 그래프 : 시간에 따른 양적 자료/정보의 변화 추이를 표현할 때 적합하다.
- 원 그래프 : 정보/자료의 비중이나 구성비를 표현할 때 적합하다.
- 막대 그래프 : 정보/자료의 순위, 비교 등을 표현할 때 적합하다.
- 점 그래프 : 정보/자료간의 상관관계를 표현할 때 적합하다.

질적 정보 시각화하기

　질적 정보를 시각화하는 것은 양적 정보를 시각화하는 일보다 더 어렵게 느껴진다. 질적 정보를 효과적으로 시각화하려면 먼저 정보들의 성격 또는 관계를 잘 살펴보아야 한다. 질적 정보들의 성격과 관계에서 자주 발견되는 몇 가지 유형별로 일반적인 시각화 예를 살펴보자. 질적 정보들의 시각화는 양적 정보들의 시각화보다 표현이 매우 다양하고 창의적으로 나타날 수 있다. 중요한 것은 질적 정보를 설득력 있게 시각화하기 위해서는 내용에 대한 깊은 이해와 창의적 발상이 필요하다는 것이다.

1) 프로세스

　시간적 순서나 발전 단계 등을 나타낼 때 사용한다. 좌에서 우로, 위에서 아래로, 아래에서 위로, 순환 등을 나타내는 도형으로 표현한다.

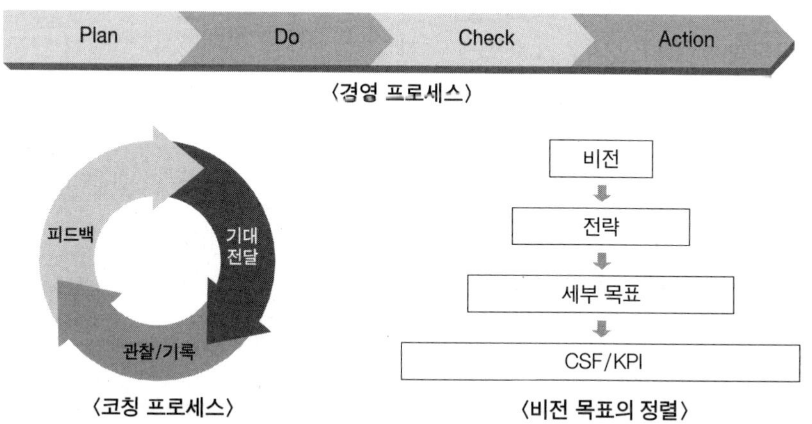

2) MECE

　서로 겹치지 않고 모두 합하면 빠짐없이 포함되는(Mutually Exclusive

Collectively Exhaustive) 정보들을 나타날 때, 혹은 MECE에 가깝다고 인정되는 정보들의 집합을 표현할 때, 아래와 같은 도형으로 표현할 수 있다.

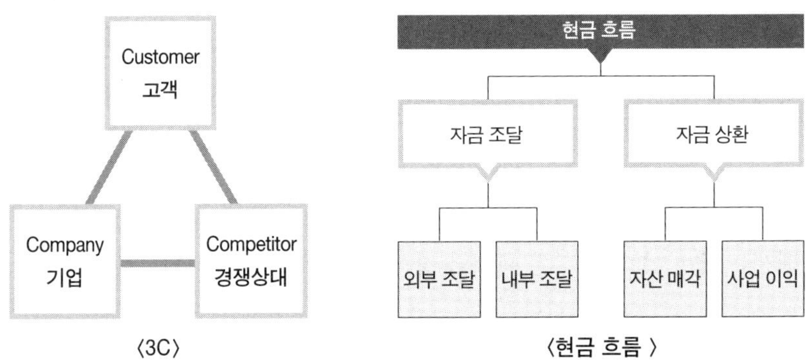

〈3C〉　　　　　〈현금 흐름 〉

3) Matrix

어떤 상황, 문제, 과제 등이 있을 때 두 가지 혹은 세 가지 변수를 각 축으로 놓고 분석하여 그 의미를 명확하게 파악해야 하는 경우 사용한다. 단순화를 통하여 내용의 핵심을 파악할 수 있으며, 정보가 나열되어 있을 때는 보이지 않았던 통찰을 얻을 수도 있다.

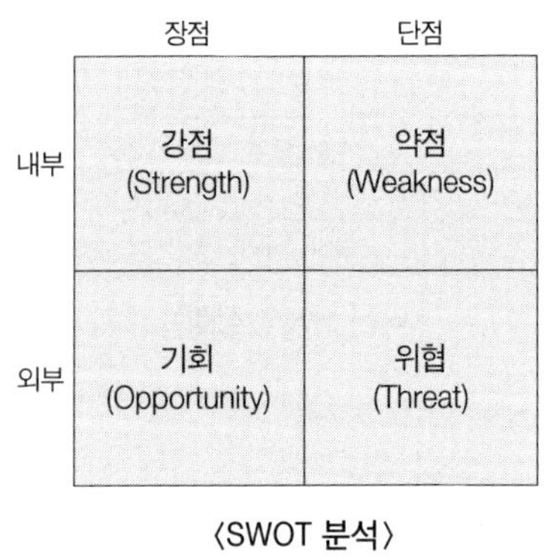

〈SWOT 분석〉

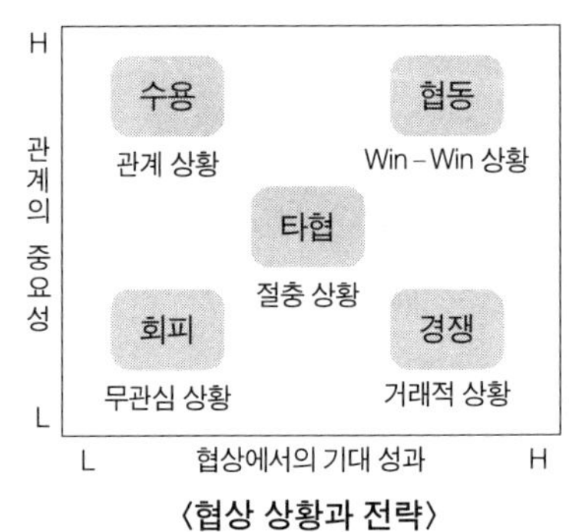

〈협상 상황과 전략〉

4) 비교 대조

상호 비교나 대조를 통하여 어떤 개념을 명확히 설명할 때 아래와 같이
표현할 수 있다.

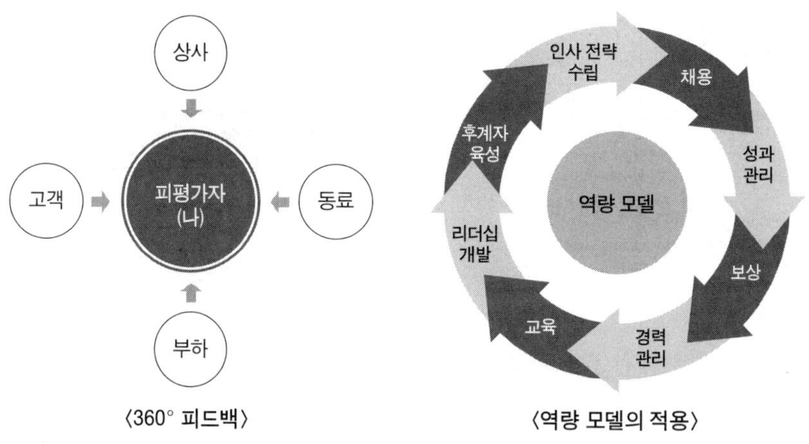

	성과의 구분	
요소	업적(Results)	역량(Competency)
정의	목표의 수행 결과(What)	높은 업적을 내기 위해 요구되는 지식, 스킬, 태도 등의 총체(How)
평가기준	목표 대비 달성도	행동 척도
특징	단기, 외적 변수에 영향	중장기, 외부 영향이 적음
결과활용	보상	승진, 개발과 육성

〈전통적 교육 대 자기 주도 학습〉　　〈성과의 구분〉

5) 집중 분산

특정 요소를 중심으로 연관된 다른 요소들이 모이거나 흩어지는 경우
에 아래와 같이 집중 혹은 분산되는 도형으로 표현할 수 있다.

〈360° 피드백〉　　〈역량 모델의 적용〉

6) 변화

변화의 모습이나 추세를 나타낼 때 다음과 같이 단순화하여 표현할 수
있다.

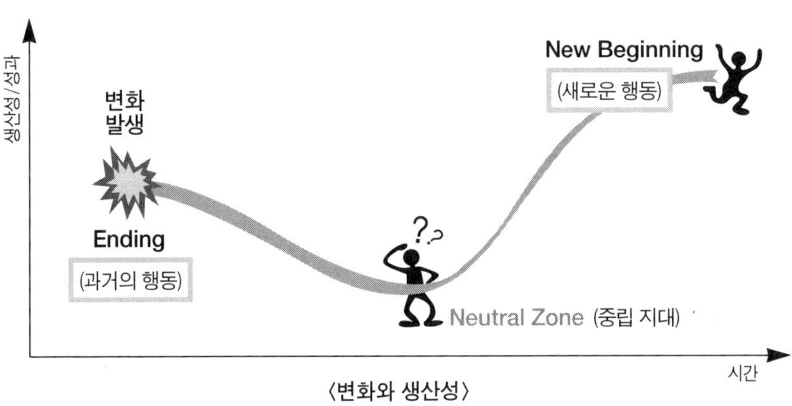

〈변화와 생산성〉

7) 균형 안정

동등, 균형, 조화, 안정성 등을 다음과 같이 표현할 수 있다.

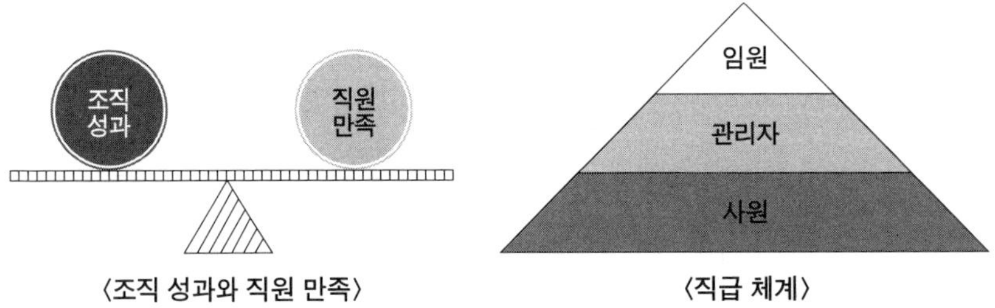

〈조직 성과와 직원 만족〉　　　　〈직급 체계〉

8) 집합

정보에 포함된 요소들 간의 집합, 포함 관계를 나타낼 때 다음과 같이
표현할 수 있다.

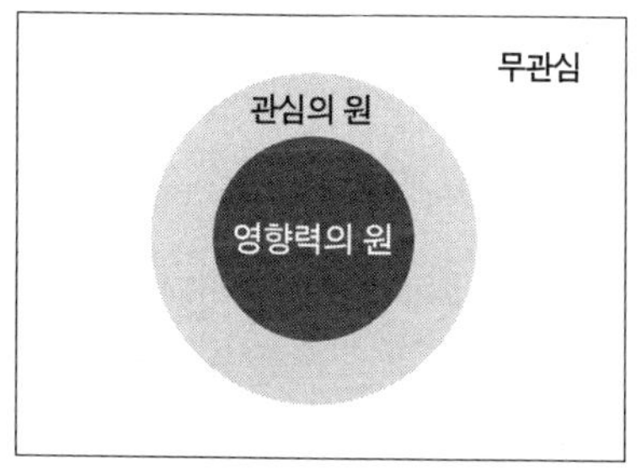

〈영향력의 원과 관심의 원〉

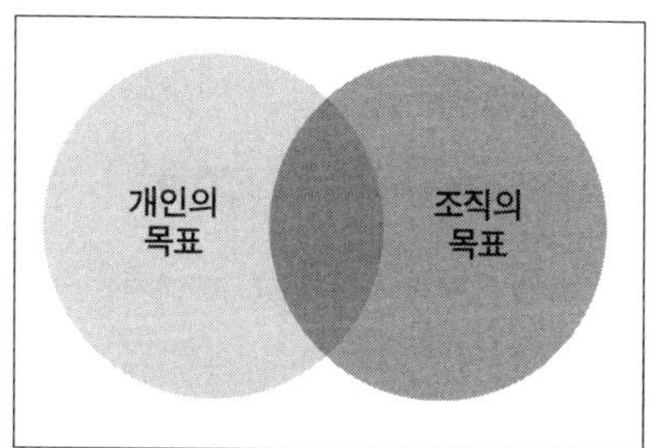

〈개인 목표와 조직 목표〉

9) 기타

전달 메시지를 그림, 사진, 도형 또는 명언 등을 사용하여 표현할 수 있다.

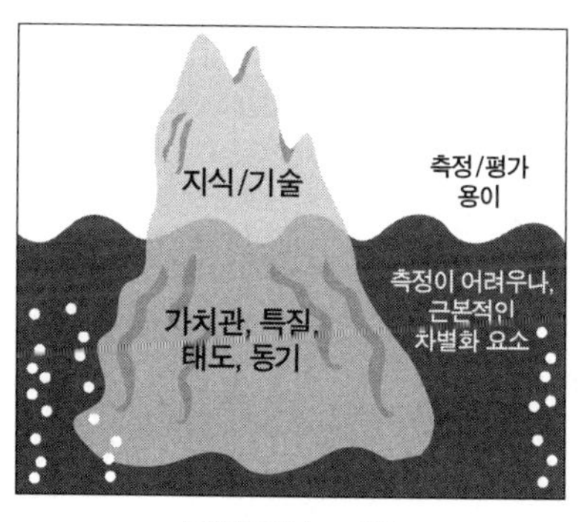

〈역량(빙산 모델)〉

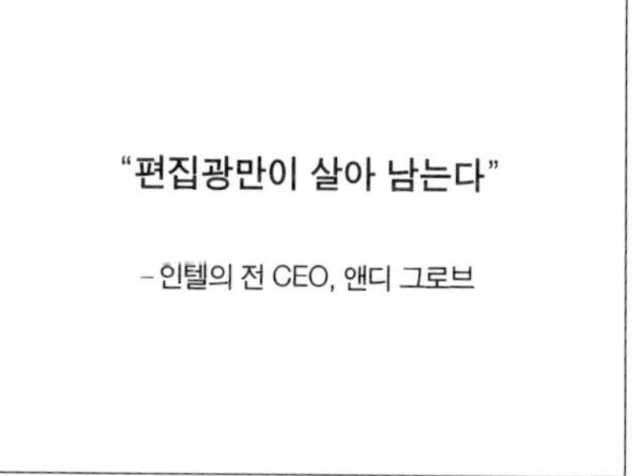

〈초일류의 조건〉

이번 장에서 설명한 내용을 적용하여 앞서 제시한 문제 사례 3과 4를 수정해보자. 각각 다음과 같이 작성할 수 있다.

문제 사례 3 수정

문제 사례 4 수정

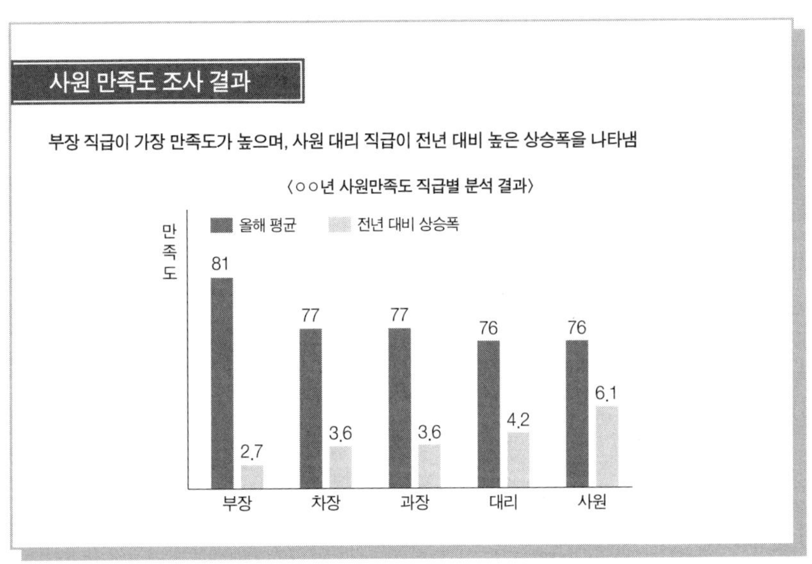

시각화 능력을 단기간에 키우는 법

마지막으로 시각화 능력을 단기간에 키우는 법을 소개하겠다. 잘된 보고서들을 참고하여 따라 그려보는 것도 도움이 되지만, 더 효과적인 방법이 있다. 자기 업무 또는 관심 분야의 책을 한 권 선정해서 그 내용을 다른 사람에게 설명한다고 생각하며 파워포인트 슬라이드로 만들어보는 것이다.

이 방법은 메시지의 시각화 작업에 탁월한 한국경영컨설팅의 이가형 대표가 자기 훈련 방법으로 사용했던 방법이다. 또한 컨설턴트들이 훈련 삼아 실행해보는 방법이기도 하다. 예를 들면 짐 콜린스의 '좋은 기업을 넘어 위대한 기업으로' 라는 책을 읽었다고 하자. 그 내용에 대한 핵심 메시지를 파악하고 그것을 시각화하여 표현해보는 것이다. 책의 내용을 정리하면 다음과 같다.

좋은 기업을 넘어 위대한 기업이 되기 위해서는 고슴도치 개념을 이해할 필요가 있다. 고슴도치 개념이란 많은 것을 아는 여우보다 한 가시를 확실히 아는 고슴도치가 궁극적으로 이긴다는 일화에서 비롯된 것이다. 고슴도치처럼 기업도 단순하고 명확한 개념을 갖고 전략을 수립하고 실행하는 것이 중요하다는 개념이다. 고슴도치의 개념은 다음의 3가지 내용들이 겹치는 부분에 대한 깊은 이해에서 나온 단순 명쾌한 개념이다.

1. 당신이 세계 최고가 될 수 있는 일: 세계에서 가장 잘할 수 있는 것은 무엇인가? 그리고 잘할 수 없는 것은 무엇인가? 이것은 막연한 희망이나 목표가 아니라 현실과 자기 자신에 대한 깊은 이해에 바탕을 둔다.

2. 당신의 경제 엔진을 움직이는 것: 경제 엔진(Economic Engine)이란? 수익 모델을 결정짓는 주요 동인 및 핵심 성과 지표를 말한다.

3. 당신이 깊은 열정을 가진 일: 무엇에 강한 열정을 느끼는가? 열정을 의도적으로 만들어 내는 것이 아니라 내면에 이미 존재하는 열정을 발견하는 것이 중요하다.

위의 내용을 파워포인트 슬라이드로 정리해 보면 다음과 같다.

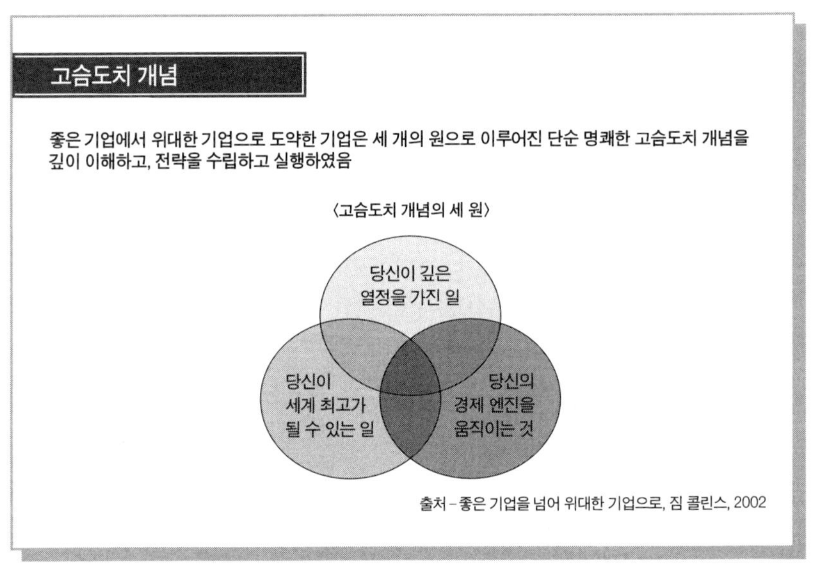

재미있는 작업이라는 생각이 드는가, 고된 작업이라는 생각이 드는가? 훈련이 잘 안되어 있을 경우에는 쉽게 되지 않겠지만 세상 모든 일은 한 번에 잘 되거나 저절로 얻어지지 않는다. 복잡한 내용을 간략하면서도 인상 깊게 옮기는 작업을 즐기는 사람들, 상대방을 시각적으로 설득하는 작

업에 흥미를 느끼는 사람들, 스스로의 발전을 위해 생각을 글로 옮기는 연습을 많이 해보는 사람들이 보고서 작업을 잘 한다.

최종 수정하기

내용이 알차고 시각화가 잘 되어 있는 보고서라도 겉보기에 잘 정리가 되어 있지 않거나 그 내용이 한 눈에 들어오지 않으면 값어치가 떨어져 보인다. 또 표현이 거칠거나 오해를 살 만한 표현이 들어가도 의미가 명확하게 전달되지 않는다. 마무리 단계에서 조금만 잘 다듬어주면 보고서의 가치가 훨씬 높아질 수 있다. 보고서 최종 수정 단계에서 수정할 때 필요한 보고서 글쓰기의 4가지 기준을 살펴보자. 내용의 정확성, 전달의 효율성, 보고자의 스타일, 그리고 형식의 통일성이 바로 그것이다.

내용의 정확성

보고서를 통해 전하고자 하는 의미가 최적의 용어, 문장, 구성으로 표현되어 내용을 오류 없이 전달하고 있는지 살펴보는 것이다. 내용의 정확성을 점검하기 위해서 다음 질문을 던져보자.

1. 구성 측면 : 보고 목표와 핵심 메시지를 생각할 때, 논리 구성(목차를 통해 확인)이 적절한가?
2. 강약 측면 : 더 강조하거나 혹은 약하게 표현해야 할 부분은 없는가?
3. 내용상 모순 : 표현된 메시지들 간에 서로 모순이나 불일치되는 부분은 없는가?

4. 표현 측면 : 용어, 문장, 수치, 도표, 그래프 등의 표현에 오류가 있거나 어색한 부분은 없는가?

모 회사에서 작성된 보고서에 다음과 같은 문장이 있었다. "운영의 효율성을 위해 인사 제도가 하나로 통합되어야 함." 물론 이 문장 자체에는 아무런 문제가 없다. 그런데 이 문장이 보고서를 읽는 사람들 간에 해석의 논란을 불러일으켰다. 어떤 사람들은 이 문장을 읽고 관리자 대상의 인사 제도와 일반 사원 대상의 인사 제도가 통합 운영되어야 한다는 뜻으로 해석을 했다. 반면, 어떤 사람들은 직원의 선발과 관련하여 본사 직원은 인사팀에서 선발 배치하고, 사업부 직원은 각 지역 본부에서 선발 배치하는 시스템을 통합해야 한다는 뜻으로 이해했다. 즉 보고서를 읽은 사람들이 각자의 상황과 이해에 따라서 그 문장을 자의적으로 해석한 것이다. 따라서 보고서를 작성할 때는 보고서를 읽는 모든 사람들이 오해 없이 그 문장의 의미를 이해할 수 있도록 명확하게 하는 것이 중요하다. 위 문장은 다음과 같이 수정되어야 한다. "운영의 효율성을 위해 분리 운영되고 있는 관리자와 사원 대상의 인사 제도를 하나로 통합하여야 함."

전달의 효율성

이는 동일한 내용을 가장 간결하게, 눈에 잘 들어오도록 표현하고 있는가 하는 점이다. 전달의 효율성을 점검하기 위해서는 다음 질문을 해 보자.

1. 수식어 정리 : 꼭 필요하지 않은 형용사나 부사 등의 수식어가 많지 않은가?

2. 문장 정리 : 문장이 길거나 문장 구조가 복잡하지 않은가?

3. 군더더기 정리 : 특별한 의미가 없이 적혀 있는 용어, 문장, 그래프, 도표 등은 없는가?

4. 반복 내용 정리 : 불필요하게 반복되는 내용은 없는가?

5. 시각화 점검 : 도표나 그림이 메시지 전달력을 높이고 있는가?

비전과 관련된 보고를 하는 어떤 보고서에서 비전에 대한 정의를 다음과 같이 표현했다. 이 문장을 전달의 효율성 측면에서 평가해보자.

"비전은 명확하고 다채로운 3차원 그림들로 가득 차 이루어진 당신이 갈망하는 미래 상태의 정신적 그림이다."

이 문장은 전달하고자 하는 의미가 명확하지 않다. 문장이 복잡하며 자연스럽지 않다. 원래 뜻을 최대한 살려서 다음과 같이 수정할 수 있다.

"비전은 당신이 갈망하는 미래를 이미 이루어진 것처럼 명확하고 생생하게 그려낸 그림이다."

보고서의 스타일

보고서의 스타일이란 그 보고를 하는 보고자의 개성이라고 할 수 있다. 다른 보고서와 차별되는 개성이 나타나 있는가 하는 문제이다. 앞에서도 설명했듯이 보고서는 보고자에게 자기 브랜드를 만드는 도구이다. 동일한 내용을 전달하고 결과를 얻어내는 과정에서도 자기만의 색깔을 상사에게 어필한다면 보고의 기능 뿐 아니라 자기 이미지를 긍정적으로 바꾸는 부가적인 효과를 얻을 수 있다.

보고서에서 보고자의 스타일을 표현하는 가장 중요한 두 가지 요소는 '사용하는 언어'와 '시각화 방식'이다. 사용하는 언어는 스타일의 차이에 따라 다음과 같이 구분할 수 있다. 중립적 언어 vs 가치 판단적 언어, 문어체 vs 구어체, 전문 용어 vs 일반 용어, 생동감 있는 언어 vs 건조한 언어, 개념적 언어 vs 구체적 언어, 분석 중심의 언어 vs 실행 중심의 언어.

시각화에서는 다음과 같은 스타일 차이가 있다. 칼라 vs 흑백, 화려함 vs 단순함, 입체 vs 평면. 언어와 시각화의 스타일을 결정할 때에 보고자는 보고 본래의 목적과 보고서를 읽는 상사의 특성에서 벗어나지 않는 범위에서 최대한 자신의 개성을 표현할 수 있는 방식을 선택하는 것이 좋다. 보수적이고 간결한 보고서를 선호하는 상사에게는 화려한 디자인보다 문어체의 용어와 흑백의 단순한 평면 디자인을 적용하는 것이 좋다. 하지만 상사가 특별한 선호를 가지고 있지 않다면 보고자는 보고서에서 자신의 개성을 좀 더 강하게 표현할 수 있다.

자신이 평소 작성하는 보고서를 떠올리면서 '자신의 보고서가 다른 보고서와 다른 5가지 특징'(예 : 내 보고서는 간결하면서 핵심을 놓치지 않는다, 내 보고서는 시각적이다, 내 보고서는 핵심이 부각된다, 내 보고서 문체에서 에너지가 느껴진다, 내 보고서는 예시가 풍부하다, 내 보고서는 데이터들이 잘 정리되어 있다, 내 보고서에는 읽고 난 후 상사가 기억할 만한 인상적 표현이 1개 이상 있다 등)을 찾아내보자. 3가지 이상을 찾아낸다면 자기만의 스타일을 갖춘 보고자라고 할 수 있다.

형식의 통일성

이는 보고서에 표현되어 있는 내용을 제외한 모든 형식상 요소들 간의 일관성을 유지하는 것이다. 보고서의 가독성과 이해를 높이고, 메시지의 전달력을 향상시키고, 외관을 보기 좋게 다듬기 위한 것이다. 다음과 같은 질문을 통하여 보고서 형식의 통일성을 높일 수 있다.

1. 위치의 통일성 : 보고서 소제목, Head Message(핵심 메시지), Support Message(보조 메시지)가 일정한 위치에 있는가?

2. 어미의 통일성 : 보고서에 사용된 문장들의 어미가 일관성이 있는가?

3. 부호의 통일성 : 보고서에 사용된 글머리표, 마침표, 물음표 등이 일관성이 있는가?

4. 디자인의 통일성 : 글자의 크기 / 폰트 / 색상 / 굵기, 표나 그래프의 크기 / 색상 / 강조 표현(입체, 음영 표현 등) / 제목 위치/ 범례 위치/ 출처표시 위치, 머리글, 바닥 글, 페이지 표시, 로고 표시 등이 일관성이 있는가?

아래는 직원 만족도 조사 결과를 요약한 보고서 내용의 일부이다. 여기에는 확연히 눈에 띄는 문제점이 있다. 무엇인지 생각해 보자.

〈서베이 결과 요약〉

- 3년간 전반적인 직원 만족도 점수가 지속적으로 상승.
- 7개 요인 중 급여, 상사 리더십의 점수가 놀랍도록 상승함
- 전년과 비교 시 조직 문화에 대한 평가가 퇴보한 것으로 나타났다

우선 통일성의 면에서 3개의 메시지들이 어미가 서로 다르다(상승, 상 승함, 나타났다). 또한 마침표가 첫째 문장에만 있다는 문제가 있다. '놀랍 도록' 이라는 표현도 주관적이고 구어적이다.

지금까지 보고서를 수정하기 위한 보고서 글쓰기의 4가지 기준을 살펴 보았다. 이렇게 보고서를 최종 수정하다 보면 어디까지 다듬어야 할지 고 민될 때가 있다. 과연 언제 보고서를 완료하면 좋을까? 계속 수정을 하다 보면 끝이 없지 않을까? 가장 좋은 시점은 최종보고를 위한 리허설을 최 소 한 번 이상 할 시간을 남긴 시점이다. 보고는 보고서만으로 하는 것이 아니다. 그 내용을 구두로 전달하는 보고 실시 단계가 보고의 성공에 더 큰 영향을 미친다. 물론 시간을 더 많이 확보하여 몇 번이고 거듭 읽고 다 듬으면 보고서는 좋아지기 마련이다. 그래서 열정을 가진 보고자일수록 보고서 수정 작업을 멈추기가 참 어렵다. 특히 시각화 단계는 그 효과가 눈에 바로 보이므로 완벽을 향한 욕심을 멈추기가 쉽지 않다.

문제는 완벽함에는 끝이 없다는 점이다. 또 보고서의 수정과 다듬기에 지나친 공을 들이는 것이 과연 생산적인 일인가 하는 점을 생각해야 한다. 어느 정도까지 완벽을 추구할 것인가, 어느 지점에서 작업을 마무리할 것 인가에 대한 판단을 내리는 데 고려해야 할 두 가지 요소가 있다. '보고의 중요성' 과 '보고의 성패에서 보고서가 차지하는 비중' 이다.

일상적인 내부 보고서에는 의사 표현의 정확성을 넘어서 자기만족을 위한 지나친 다듬기는 하지 않는 것이 좋다. 형식적인 부분들을 섬세하기 다듬기보다 내용에 대한 해박하고 깊은 이해와 설득력 있는 설명이 중요 하다. 별 내용이나 아이디어도 없이 파워포인트 기교만 화려한 보고서는 조직의 시간과 자원을 낭비하는 최악의 보고서다.

하지만 보고가 전사 차원의 전략 방향을 결정짓는 것이라면, 혹은 보고자 개인의 경력이나 전문성에 결정적인 영향을 주는 것이라면 자신으로부터 최선의 것을 끄집어내야 한다. 보고의 중요성과 영향력을 판단하는 기준은 '보고 대상자가 누구인가', '어느 회의체에서 보고를 하게 되는가'와 같은 것들이다. 최종 보고가 CEO까지 올라가거나 경영진 회의에서 논의될 내용이라면 중요도가 높고 영향력도 큰 보고임에 틀림없다. 이러한 보고라면 자신이 사용할 수 있는 모든 시간과 노력을 투자하여 보고 당일 전까지 보고서를 수정하고 다듬을 만한 가치가 있다.

또 중요한 보고라고 하더라도 그것이 곧 보고서 작성이 중요하다는 뜻은 아님을 기억하자. 보고의 성패를 좌우하는 요소에는 보고서 외에도 여러 가지가 있다. 아이디어의 탁월함, 문제 의식과 열정, 설득력 있는 언어 구사력 등이 그것이다. 보고의 성패를 결정짓는 여러 요소 중 보고서가 차지하는 비중을 냉정하게 평가하여 그에 맞게 준비 노력과 시간을 배분하자. 만약 보고서를 섬세하게 다듬는 일보나 더 중요한 요소가 있다면 그 요소에 시간을 더 많이 쏟아야 한다.

'이 정도에서 보고서 수정을 완료해도 될까' 하는 염려가 생긴다면, 두 가지 방법으로 최종점검을 해볼 수 있다. 하나는 보고서를 소리 내어 읽어보는 것이다. 귀에 걸리는 부분이 있다면 그 부분을 좀 더 다듬어보자. 다른 한 가지 방법은 동료에게 보고서를 읽어달라고 요청하는 것이다. 내가 보지 못하던 부분들이 발견될 수 있다.

　　　　　　　　　　　　PART 2 | 성공적인 보고를 위한 준비

Performing
성공적인 보고의 실전
Part
03

흡인력 있게 보고하라

충분히 준비했다고 생각했는데 막상 상사 앞에서 설명하려고 하니 생각만큼 잘 되지 않았던 경험, 분명히 잘 아는 내용이었는데 상사의 날카로운 질문에 횡설수설하며 얼굴을 붉혔던 경험, 꼭 해야 했던 말이 보고가 끝난 뒤에야 생각나서 안타까웠던 경험, 나름대로 잘 설명하고 있다고 생각하는데 상사가 집중을 안 해서 난감했던 경험, 무슨 말부터 시작해야 할지, 마무리는 어떻게 지어야 할지 몰라서 대충 끝내고 아쉬웠던 경험, 내가 보기에는 별 내용이 없는 듯한 보고인데 말을 유창하게 잘해서 상사의 칭찬까지 듣고 나오는 동료를 부러워했던 경험. 이와 같은 경험을 한두 번 이상 하지 않은 보고자는 없다.

2부까지 우리는 상사의 보고 지시 의도를 명확히 파악하고, 효과적인 보고 전략을 수립하여, 논리를 구성한 후 보고서를 작성하는 과정을 정리하였다. 이러한 작업을 통해 보고자의 머릿속에 있던 추상적 메시지가 타인과 공유할 수 있는 형태로 구조화되었다. 하지만 배의 목적은 항구에 정박해 있는 것이 아니라 바다를 항해하는 것이듯, 보고서의 목적은 문서로 남아 있는 것이 아니라 상사가 보고의 내용을 효과적으로 파악하게 하는 데에 있다. 대개 중요한 보고는 서면으로만 이뤄지지 않고 말로 설명까지 하게 된다. 즉 지금까지 한 내용 작성 작업은 흡인력 있는 구두 보고를 통하여 완성이 되는 것이다.

구두 보고는 보고서의 내용을 정확히 전달하는 데에 도움이 되며, 때로는 보고서의 내용 이상을 효과적으로 전달하기도 한다. 동일한 보고서도 보고자와 보고자의 전달 방식에 따라서 더 매력적으로 전달될 수 있는 것이다. 이번 장에서는 이와 같은 보고의 흡인력을 만드는 전달 기법을 살펴볼 것이다.

많은 보고자들이 왜 흡인력 있는 보고를 하지 못할까? 몇 가지 경우가 있다. 첫째, 무엇이 보고의 흡인력을 만들어내는지 잘 알지 못하는 것이다. 보고서만 잘 작성하면 된다고 생각하거나, 흡인력의 요소들을 모르는 것이다. 둘째, 보고의 흡인력을 만드는 요소들은 알아도 그것을 어떻게 조절해야 하는지를 모르는 경우다. 예를 들면 눈을 맞추는 것이 중요하다는 사실은 알지만 상사의 눈을 어떻게 바라봐야 하는지 그 방법을 모르는 것이다. 셋째, 자기가 현재 보고를 어떻게 하고 있는지 객관적으로 파악하지 못하는 경우다. 예를 들면 목소리가 작아서 내용 전달이 잘 안되어 듣는 상사는 답답한데 정작 본인은 모르고 있는 경우다. 왜 중요한지, 어떤 것이 문제인지, 어떻게 해야 하는지를 알고 적용해 보면 개선할 수 있다.

　　　　　　　　　　　

보고의 흡인력을 만드는 네 가지 요소

보고를 잘 하는 사람들의 보고에는 사람을 끌어당기는 힘이 있다. 그 흡인력이 내용 전달에 큰 영향을 미친다. 보고의 흡인력을 만들어내는 네 가지 요소가 무엇인지 살펴보자.

안정감과 열정의 조화로 확신 보여주기

탁월한 보고자들은 보고할 때의 모습이 안정적이면서 동시에 열정적이다. 그러한 조화된 모습이 상사에게 '이 사람은 자기가 말하는 것에 확신을 가지고 있구나.' 하는 생각을 갖게 하여 경청하도록 만든다.

상사에 대한 존중으로 라포(rapport) 형성하기

보고에 있어서 '라포'란 상사와 보고자 사이에 형성되는 신뢰 관계다. 상사가 보고 내용을 합리적으로 검토해줄 것이라는 신뢰, 보고자가 분명 가치 있는 내용을 보고할 것이라는 신뢰가 있는 관계다. 라포는 보고자가 상사를 존중함으로써 형성할 수 있고, 이는 보고 내용이 막힘없이 전달되게 한다.

보고의 구성과 화법으로 상사의 주의를 내용에 집중시키기

보고서에만 구성이 있는 것이 아니라 구두 보고에도 어떤 내용을 어떤 순서로 말할 것인가 하는 구성이 있다. 또한 그 내용을 어떤 단어와 문장으로 표현할 것인가 하는 화법이 있다. 그러한 구성과 화법을 이용하여 상사의 주의를 보고 내용으로 집중시킨다.

말 자체보다 말하는 사람이 어떠한 상태인가에 따라 말의 흡인력은 큰 차이가 난다. 상사가 보고자에게 갖고 있는 기존의 신뢰뿐 아니라 보고 시에 보이는 비언어적인 요소들도 보고자에 대한 신뢰에 큰 영향을 미친다. 목소리, 시선, 자세 등의 비언어적 요소들은 보고자의 내적 상태를 언어보다 더 정직하게 보여주기 때문이다.

네 가지 요소들을 잘 활용하는 법

위의 네 가지 요소들에 대해 자주 제기되는 질문 중심으로 그 활용법을 정리해보자.

Q : 안정감과 열정을 만들어 낼 수 있는가? 그것은 원래부터 가진 특성 아닌가?

만들어 낼 수 있다. 현재 당신이 보이는 특성들은 태어날 때부터 이미 가지고 있던 것 외에는 모두 살아오면서 학습된 것들이다. 그리고 학습된 것은 다시 탈학습이 될 수 있다. 안정감과 열정 역시 조절이 가능한 것들이다.

자신이 안정감 있고 열정적으로 말했던 경험을 돌이켜보자. 아마도 자신이 잘 알고 있고, 그 중요성을 절감하고 있어 상대방에게 정말 말해주고 싶은 내용에 대해서는 훨씬 안정적이고 열정적으로 말했을 것이다. 안정감과 열정의 조화는 자신이 하는 말에 대한 '충분한 이해(준비)' 와 '자신감', 그리고 '애정' 으로부터 나온다. 자신이 하는 말이 정말 옳다고 생각하는 사람은 상대방이 반론을 제기하더라도 쉽게 흥분하지 않고 침착

하게 대처하는 법이다. 말하는 내용에 대해 자신감을 가지고 있으면 온몸을 통해서 그 자신감이 투영되어 나온다. 자신이 말하는 내용과 듣고 있는 상대에 대해 애정을 가지고 있으면 열정적으로 자신의 메시지를 준비하고 전달한다. 보고를 앞두고 다음과 같이 질문해보자.

1. 나는 충분히 이 보고를 준비했고 그 내용을 이해했는가?
2. 나는 내 보고에 담은 주장에 자신감이 있는가?
3. 나는 내 보고에 담은 내용에 애정을 가지고 있는가?

만약 충분히 준비하고 이해했다는 생각이 들지 않으면 리허설을 해보라. 실제 상사가 앞에 있다고 생각하고 당신의 목소리로 짧은 시간 내에 설명이 가능한지 연습해보라. 그리고 예상되는 질문을 체크하고 그에 대한 답변을 미리 해보라. 그 때 보고서를 읽지 말고 당신의 언어로 설명하라. 보고서에 쓴 문장을 일일이 들여다보지 않고도 같은 의미로 내용을 막힘없이 설명할 수 있다면 당신은 충분히 이해를 하고 있는 것이다.

충분히 준비하고 이해했음에도 자신감이 들지 않으면 그 이유를 들여다보라. 상사가 어렵거나 상사를 설득하는 것에 부담이 있어서라면 생각을 전환해보자. 상사를 설득한다기보다 상사의 의사 결정이나 상사의 업무 수행을 돕는 것이라고 생각해보자. 누군가를 도우려고 하는 마음은 여유로운 에너지를 만들어낸다. 중요한 말을 할 때마다 늘 긴장하는 사람이라면 긴장감 조절을 위한 지속적인 연습이 필요하다(긴장감 조절은 3부 5장에서 중점적으로 정리할 것이다).

만약 보고 내용에 대해 애정이 느껴지지 않으면 스스로 의미를 만들어

보자. 지금 하려는 보고 자체나 혹은 보고를 통해서 시도해보려는 일이
자신이 현재 하고 있는 일이나 앞으로의 일, 혹은 상사와의 관계나 조직
의 성장에 어떤 기여를 할 수 있는 것인가를 알아차려라. 제대로 준비했
다면 세상의 어떤 일도 도움이 되지 않는 일은 없다.

Q : 나는 내 상사를 좋아하지 않는다. 이런 경우에도 라포를 형성할 수 있는가?

그렇다. 그러한 경우에도 라포를 형성해야 하고, 라포를 형성할 수 있
다. 상사를 반드시 좋아할 필요는 없다. 상사로서 존중하는 마음만 가져
도 라포 형성이 가능하다. 상사가 보고 내용을 경청하고, 합리적으로 검
토할 것이라는 생각을 갖자. 이러한 생각이 있어야 보고자는 자신이 생각
하는 바를 충분히 열정적으로 풀어놓는다. 그리고 그러한 보고자의 태도
가 상사로 하여금 보고자를 신뢰하게 한다.

라포는 쌍방의 노력으로 이루어지는 것이기는 하지만, 상사에게 나를
신뢰하라고 강요할 수는 없다. 가장 빠르게 라포를 형성하는 방법은 보고
자 사신이 먼저 자기 앞에 있는 상사를 100% 존중하며 보고를 시작하는
것이다. 마음은 에너지를 가지고 있다. 내가 상사에게 가지는 마음이 상
사에게 전달되면 상사 역시 나를 존중하며 나의 메시지에 집중을 하게 된
다. 그러면 보고 내용을 진지하게 검토하고자 할 것이다. 더불어 상사와
의 신뢰 관계를 새롭게 형성하기에 가장 좋은 방법이 보고를 통한 상사와
의 커뮤니케이션임을 기억하자. 현재 상사와 라포가 형성되어 있지 않다
면 그것 때문에 보고를 잘 할 수 없는 것이 아니라, 그것 때문에 보고를 잘
해야만 하는 것이다.

상사에 대한 존중의 마음을 확보하기가 정말 어려운 조건이라면, 상사

의 장점을 찾아보자. 한 조직의 관리자라면 적어도 한 가지 이상의 장점이 있을 것이다. 그렇기 때문에 지금 그 자리에 있는 것이다. 이런 식으로 생각하고 관찰하면 상사의 장점이 눈에 들어온다. 만약 그래도 장점을 발견할 수 없다면 다음과 같이 생각해보자. '저 사람도 나처럼 자기 삶을 잘 살아보려고 하는 사람이다. 저 사람도 나처럼 사랑하는 누군가가 있는 사람이다. 저 사람도 나처럼 부족한 점이 있지만 좋은 점도 있는 사람이다. 저 사람도 나처럼 사람들과 잘 지내고 싶어하는 사람이다. 저 사람도 나처럼 행복해지고 싶은 사람이다.' 이렇게 생각하는 훈련을 하다 보면 조금씩 그의 장점이 눈에 들어오기 시작할 것이고 그를 존중하기 쉬워질 것이다.

주의를 집중시키는 보고의 구조와 화법이란 구체적으로 무엇인가?

OBC(Opening - Body - Closing) 패턴을 활용하여 보고의 시작부터 끝까지 말의 흐름을 구조화하면 상사의 주의를 효과적으로 집중시킬 수 있다. 그리고 다음과 같은 화법들이 주의를 집중시킬 때 도움이 된다.

- 근거를 가지고 단정적으로 말한다. '~ 인 것 같습니다.' 와 같은 표현은 지양한다.
- 구체적인 지시어를 사용한다. '아까 말씀드린', '지난 주 보고드린', '그것은', '보시는 바와 같이' 라는 표현은 가능한 사용하지 않는다. '현상 분석 자료에서 말씀드린', '지난 목요일 ○○보고에서 말씀드렸던', '장애의 가장 큰 원인은', '보고 계신 우측 그래프는' 등과 같이 명확하게 표현한다.
- 짧은 문장을 사용한다. 긴 문장은 의미를 흐려지게 한다.

- 의문문이나 수사의문문을 적절히 사용한다. 이는 주의를 집중시키는 효과가 있다.
- 구체적인 예시, 사례를 사용한다. 예시나 사례는 개념보다 힘이 세다.
- 호칭을 사용한다. '팀장님', '상무님' 등과 같이 상대를 호칭하는 말을 적절히 사용하면 친근감을 일으키고 주의를 집중시킨다.
- 전문 용어는 상사에게 맞게 사용한다. 어려워서 알아듣지 못하는 이야기나 지나치게 쉬운 이야기는 상사의 주의를 분산시킨다.
- '~요' 체보다 '~다' 체를 더 많이 사용한다. '~요' 체는 공식적인 보고에 적합하지 않다. 전문가다운 느낌보다 가볍고 약한 인상을 줘서 상사의 주의를 분산시킨다.
- '아', '어', '그', '에' 등의 말 끌기 표현을 지양한다. 말이 막히면 그대로 잠시 침묵하는것이 더 효과적이다. OBC 패턴의 세부 단계와 단계별 화법에 대해서는 3부의 2, 3, 4장에서 자세하게 소개하였다.

보고 시 나를 표현·전달하는 데에 도움이 되는 비언어적 요소들은 무엇인가?

보고 시 활용할 수 있는 비언어적인 요소로는 목소리, 시선, 자세와 제스처 등이 있다. 각 비언어적 요소의 중요성과 각 요소 별로 바람직한 것과 바람직하지 않은 것이 무엇인지 살펴보자.

보고 시 목소리의 중요성

목소리는 또 하나의 언어다. 동일한 내용도 목소리에 따라서 더 강조되기도 하고 덜 강조되기도 한다. 목소리를 통해 자신의 열정과 확신을 보여줄 수도 있고 상대에 대한 친근함의 수준을 조절할 수도 있다.

바람직한 목소리

- 대화를 나누듯이 말한다. 대화하듯이 말을 해야 목소리에 느낌이 담기고 변화감이 있어 상사가 집중하기 쉽다.
- 강조할 부분에서 특히 명확하게 발음한다.
- 상사의 특성에 따라서 속도를 적절히 조절한다. 대개의 사람들은 자신이 말하는 속도로 듣는 것을 좋아한다.

바람직하지 않은 목소리

- 보고서를 보며 읽어 내려가는 목소리는 좋지 않다. 전문성, 준비성, 자신감이 없어 보인다.
- 너무 빨라서 조급해 보이거나 느려서 답답한 목소리는 좋지 않다.
- 문장의 끝이 흐릿해지는 목소리는 뭔가 감추는 것 같은 인상을 준다.
- 변화 없이 일정한 속도의 목소리는 지루함을 유발한다.

보고 시 시선의 중요성

눈은 '밖에서 보이는 뇌'로도 불린다. 즉 머릿속의 생각이 눈에 담겨서 나타날 수 있다는 것이다.

보고를 할 때는 상사의 눈을 바라보는 것이 좋다. 눈을 바라보며 보고하는 보고자는 준비가 잘 되어 있는 것 같고 전문성과 자신감이 있어 보인다. 또한 상사를 존중하고 있는 것처럼 느껴져 신뢰를 더 쉽게 얻을 수 있다. 또한 눈을 바라보면서 보고를 하면 상사의 반응을 더 잘 파악할 수 있고 긴장감도 더 빨리 덜어낼 수 있다.

바람직한 시선

- 상사의 눈을 70% 이상 바라본다. 특히 상사가 눈 맞추기를 좋아하는 경우는 더 많이 바라본다.
- 강조하고 싶은 부분에서는 반드시 눈을 바라보며 말한다.
- 상사에 대한 존중의 마음을 담아서 눈을 자연스럽게 바라본다.

바람직하지 않은 시선

- 눈이 아닌 다른 곳(바닥, 천정 등)을 바라보는 것은 좋지 않다. 딴 생각을 하고 있는 것처럼 보이거나 불안해 보인다. 상사에 대한 호감이 없다고 여겨질 수도 있다.
- 힐끗힐끗 살피는 것처럼 쳐다보는 것은 좋지 않다. 눈치를 보는 것처럼 느껴지거나 확신이 없는 것 같아 상사에게 신뢰감을 주지 못한다.
- 계속해서 쏘아보듯이 강하게 바라보는 것도 좋지 않다. 상대방을 불편하게 만든다.

보고 시 자세와 제스처의 중요성

보고할 때의 자세와 제스처를 통해서도 안정감과 자신감을 보여줄 수 있다. 긴장이 될수록 몸이 경직되거나 떨린다. 자신이 없을수록 몸이 움츠러들고 동작이 작아진다. 보고 내용이 보고자에게 확실히 숙지되어 있지 않을수록 몸 움직임이 산만해지고 무의미한 손동작이 나온다.

보고자는 자세와 제스처를 통해서 상사의 주의를 더 잘 집중시킬 수 있고, 보고 시 나타나는 긴장을 완화시킬 수 있다. 또 중요한 부분을 강조할 수 있다.

바람직한 자세와 제스처

- 상사의 정면에 앉는 것보다는 약간 비껴서 앉거나 옆 자리에 앉는 것이 좋다. 필요시 서로의 시선을 자연스럽게 비낄 수 있기 때문에 편안하다.
- 구부정하지 않게, 또 뒤로 너무 젖혀지지 않게 자연스럽게 앉거나 선다. 자연스러운 자세를 가지려면 상사에 대한 부담감이나 거부감이 먼저 없어져야 한다.
- 제스처는 강조할 부분이 있을 때에 사용한다.

바람직하지 않은 자세와 제스처

- 비스듬하게 앉거나 서서 몸을 이리저리 흔드는 자세는 좋지 않다. 바르지 않은 자세는 예의가 없어 보인다.
- 지나친 제스처나 의미 없는 제스처는 상대방의 주의를 분산시킨다. 사람은 한 곳에 주의를 둔 상태에서 동시에 다른 곳에 주의를 두기 어렵다. 필요하지 않은 제스처는 상대의 주의를 흩어지게 하므로 주의한다.
- 깍지를 끼거나 손가락으로 보고서를 가리키는 제스처는 바람직하지 않다. 깍지를 낀 자세는 긴장을 하고 있거나 방어적인 것처럼 보인다. 손가락으로 가리키는 제스처는 상대를 존중하는 느낌을 주지 않는다. 특정 부분을 지시해야 할 경우, 상사와 마주 앉아서 보고할 때는 깨끗한 펜을 사용하여 가르키고, 일어서서 하는 경우에는 손 전체나 포인터를 사용하여 가르킨다.

지금까지 흡인력 있는 보고에 대해 살펴보았다. 사람들은 외모가 모두 다르듯 말을 하는 방법이나 모습도 서로 다르다.흡인력을 일으키는데 정해진 한 가지 모습만 있는 것은 아니다. 하지만 흡인력 있게 말하는 사람들에게 발견되는 공통점은 있다. 충분한 준비, 자신감, 애정에서 나오는 안정감과 열정의 조화, 상대에 대한 존중, 주의를 집중시키는 말의 구조와 화법, 그리고 자신에게 잘 어울리는 비언어의 구사가 바로 그것이다.

다음 장에서는 흡인력 있는 보고를 위한 구조와 화법에 대해서 구체적으로 정리해본다.

CHAPTER 02

보고의 시작(Opening) :
상사의 마음을 열어라

알리바바와 40인의 도적이라는 동화를 기억하는가? 옛날 바그다드에 40인의 도적들이 산더미처럼 많은 금은보화를 쌓아둔 동굴이 있었다. 그 동굴의 문은 마법에 걸려 있어서 딱 한 가지 주문에만 스스로 문을 열었다. 주문이 있다는 것을 모르는 사람은 동굴의 문조차 찾을 수가 없었고, 주문을 정확하게 모르는 사람은 아무리 비슷한 소리를 질러도 동굴 속으로 들어갈 수 없었다. 가까스로 주문을 알아내어 동굴 속에 들어간 사람도 엄청난 보물에 정신을 잃어 주문을 잊어버렸다. 그러다 동굴을 빠져나가지 못하고 동굴로 돌아온 도적의 손에 죽기도 했다.

이 동굴의 문처럼 사람 마음의 문도 쉽게 열리지 않는다. 하지만 다행인 것은 마음을 여는 주문이 있다는 것이다. 한 사람의 마음속으로 들어가기 위해서는 일단 그 주문을 파악해야 한다. 효과적인 보고를 하기 위해서도 상사의 마음의 문을 열어야 한다. 또 문을 연 뒤에는 보고가 끝날 때까지 그 주문을 잊지 말아야 한다.

보고의 Opening 단계

보고의 내용에서 가장 중요한 것은 그 내용의 결론, 즉 핵심 메시지이다. 그리고 그 핵심 메시지를 뒷받침하는 논리적인 부연 설명이 따라와야 한다. 때로 마음이 급한 보고자들은 Opening 단계 없이 바로 결론을 말하고 줄줄이 부연 설명을 하는 잘못을 범한다.

맛있는 음식을 만들려고 할 때 요리의 핵심은 싱싱한 주재료이다. 하지만 주재료만으로는 미각에 쾌감을 주지 못한다. 주재료를 맛있는 요리로 만들기 위해서는 적절한 양념과 조리가 필요하다. 마찬가지로 보고의 주요 내용을 효과적으로 전달하려면 주요 내용으로 잘 접근해 가기 위한 양념이 필요하다. 그것이 바로 보고의 Opening 단계이다. 보고의 Opening은 다음과 같은 다섯 단계로 구성하면 효과적이다.

- 인사하기
- 무슨 보고인지 말하기
- 주의 집중시키기
- 보고의 결론 말하기
- 보고의 윤곽 보여주기

Opening의 세부 다섯 단계의 핵심은 주요 내용을 설명하기 전에 상사

　　　　　　　　　　PART 3 | 성공적인 보고의 실전

의 주의를 100% 보고 주제로 기울이게 하는 것이다. 사람들은 주의가 집중되지 않은 상태에서는 제대로 듣지 못한다. 그리고 자신이 듣고 싶은 부분만 선택적으로 듣는 경향이 있다. 보고를 잘 하고 싶다면 Opening의 다섯 단계를 자연스럽게 진행하는 습관을 들이자.

먼저 '인사하기'에서는 표정에 유의하자. 보고자의 안정되고 밝은 표정은 준비가 잘 되어 있다는 인상을 준다. 상사로 하여금 앞으로 들을 내용에 대한 신뢰감을 갖게 하는 것이다. '무슨 보고인지를 말하기'는 여러 가지 사안으로 복잡한 상사의 머릿속 한 부분에 불을 켜는 행동이다(아, 내가 어제 지시한 그 내용!). '주의 집중시키기'는 한두 문장의 인상적 표현을 사용하여 상사의 주의를 보고 주제로 집중시키는 단계다. '보고의 결론을 한 문장으로 말하기'는 상사에게 생각의 초점을 만들어준다. 그 초점에 맞추어 전체 보고 내용을 정리하고 결정을 내리게 한다. '보고의 윤곽을 그리기'는 상사가 지금부터 무슨 내용을 어떤 순서로 듣고, 자신이 해주어야 할 것이 무엇인지를 알려 주는 단계이다. 상사가 보고를 들을 준비를 갖추고 보다 체계적으로 들을 수 있도록 도와준다. 이 다섯 단계가 현실에서 어떻게 적용이 되는지 다음의 예시를 살펴보자.

"팀장님, 어제 말씀하신 ○○건에 대해 보고 드리겠습니다. 예상했던 것보다 XX가 지난달 대비 7%나 높은 25%로 나타났습니다. 이 % 변화는 XX를 그냥 둘 경우, 다음 달 납기를 맞출 수 없는 상황이 생길 수 있다는 뜻입니다. 따라서 1주일 내로 ○○을 조치해야 합니다. 그럼 지금부터 10분간 간략히 ○○에 대한 현장 조사 결과와 조치 방안, 그리고 기대 효과를 보고 드리겠습니다. 보고안대로 추진해도 될지 검토를 요청 드립니다."

위 다섯 단계는 일반적으로 상사들이 보고의 도입 부분에서 요구하는 내용들이다. 만약 보고자가 위와 같은 내용들을 미리 말하지 않고 보고의 상세 내용부터 장황하게 설명하기 시작하면 어떻게 될까? 직선적인 성격의 상사들은 다음과 같이 질문하며 보고자의 말을 자른다. '오늘 보고의 결론이 뭔가요?', '나에게 뭘 요청하는 보고이지요?', '시간은 얼마나 걸립니까?' 만약 상사가 자신의 의견을 이런 식으로 바로 표현하지 않더라도 말로 표현을 하지 않는 것일 뿐, 위의 요소들을 보고를 듣는 중에 스스로 파악하면서 들으려고 애쓴다. 그러다보면 상사의 주의는 보고 내용이 아닌 자신의 생각 속으로 분산되어 버린다.

따라서 상사의 주의가 온전히 내 보고에 집중하게 하려면 Opening 단계의 세부 단계들을 빠뜨리지 않고 밟는 것이 좋다. 또한 가능한 위 다섯 단계는 순서대로 밟는 것이 좋다. 각 단계별 기능과 표현 방법을 좀 더 상세하게 살펴보자.

인사하기

인사하기는 상사와 보고자가 보고에 대한 서로의 첫 느낌을 긍정적으로 형성하도록 도와주는 단계다. 짧은 순간이지만 보고자의 표정과 목소리 등을 보며 상사는 많은 정보를 파악한다. 보고자가 말할 내용에 자신감이 있는지, 어느 정도 준비해서 들고 온 보고서인지를 직감적으로 알아차린다. 또 보고자 역시 인사를 하며 상사의 상태를 파악할 수 있다. 상사가 다른 일로 바쁜지, 나에게 관심을 보이고 있는지 대략 알 수 있는 것이다. 만약 상사가 나에게 충분히 주의를 집중하고 있지 않은 상태라면 절대 보고 내용을 바로 풀어놓지 말자. 일단 상사의 주의를 보고로 충분히 끌어당

　　　　　　　　　　　PART 3 | 성공적인 보고의 실전

겨야 한다. 집중하지 않은 상태에서는 어떤 내용도 잘 전달될 수 없다.

'인사하기'의 표현 방법

인사를 할 때도 여러 가지 표현 방법이 있다. 같은 공간에서 일하며 자주 대하는 상사라면 가벼운 목례와 밝은 미소 정도로 족하다. 굳이 말을 할 필요는 없지만 만약 말을 하려면 '팀장님', '상무님' 정도로 호칭을 부르거나, '팀장님, 지금 시간 괜찮으십니까?' 정도의 인사를 하면 된다. 만약 상사에게 출장이나 사무실 이동 등의 특별한 일이 있었다면 '팀장님, 잘 다녀오셨습니까?', '상무님, 17층이 훨씬 전망이 좋은 것 같습니다.' 정도의 인사가 적절할 것이다.

하지만 가끔씩 만나거나 처음 만나는 경우라면, 위의 가벼운 목례와 밝은 미소에 더해서 자신이 '어느 팀', '누구' 인가를 덧붙여 말하는 것이 좋다. 예전에 한 번 만난 적이 있는 경우라면 '지난번에 ○○공장 방문하셨을 때에 상무님을 뵌 적이 있습니다.' 정도로 덧붙이는 것도 좋다.

여기서 주의할 점이 있다. 평소 말수가 적고 바로 핵심으로 들어가기를 선호하는 스타일의 상사라면 간략한 인사 후 말을 길게 늘이지 말고 바로 다음 단계로 들어가는 것이 효과적일 수 있다. 또 보고의 사안이 무겁고 심각한 것이라면 밝은 표정의 인사는 도움이 되지 않는다. 이렇듯 어떤 인사가 적합한가는 평소 상사를 얼마나 자주 만나는가, 평소의 관계가 어떠한가, 상사의 성격이 어떠한가, 보고의 사안이 어떠한가에 따라서 달라질 수 있다. 그러므로 평소 상사의 성향을 파악하고 보고 전에 주변 환경을 항상 파악하는 습관을 들이자.

무슨 보고인지 말하기

'무슨 보고인지 말하기'는 보고의 제목을 언급하면서 다른 곳에 가 있는 상사의 주의를 보고의 현장으로 끌어오는 방법이다. 보통 생각이 많은 사람들을 보고 '오만가지 생각을 다 한다.'라는 말을 한다. 연구자들에 의하면 실제로 사람들은 하루에 오만가지 이상의 생각을 한다고 한다. 특히 여러 가지 사안을 다루는 상사들은 보고자를 앞에 두고도 다른 곳에 마음이 가 있을 수 있다. 그러한 경우 보고의 전달력이 크게 떨어질 수 있으므로, 무슨 보고인가를 명확히 말해서 상사의 생각을 끌어와야 한다.

'무슨 보고인지 말하기'의 표현 방법

지금 하는 보고가 상사의 지시에 의해 준비된 것이라면 '어제 말씀하신 ○○건에 대한 보고입니다.'라는 식의 표현을 하는 것이 좋다. 만약 자신이 주도적으로 하는 보고라면 '팀장님, 어제 이메일로 보고 드린 ○○건에 대해서 10분간 보고 드리려고 합니다.'라고 말할 수 있다. 며칠 전의 1차 보고에 이어 2차 보고를 하는 경우라면 '지난 수요일에 1차 보고 드린 ○○건에 대하여 다시 보고 드리려고 합니다.'라고 분명히 표현해서 상사가 보고의 맥락을 빠른 시간 내에 상기할 수 있도록 돕는 것이 좋다.

주의를 집중시키기

이 단계는 일단 보고로 모아진 상사의 주의가 흩어지지 않도록 하는 단계이다. 상사가 보고에 완전히 집중하여 경청하고 싶은 동기를 불러일으키는 것이다. 우리는 중요한 일이 있으면 누가 시키지 않아도 휴대폰 전원까지 꺼버리고 집중을 한다. 아무리 바빠도 꼭 가야 한다고 생각되는

곳이 있으면 일정을 조정해서라도 그곳에 참가를 한다. 보고 상황도 마찬
가지다. 상사로 하여금 지금부터 자기가 들을 보고의 중요성을 미리 알게
해야 한다. 자신에게 꼭 필요한 보고라고 생각하면 상사는 다른 곳으로
주의를 돌리지 않을 것이다.

'주의를 집중시키기' 의 표현 방법

바쁜 상사의 주의를 묶어놓을 정도로 강력한 '주의를 집중시키는 표
현' 은 어떻게 만들어낼 수 있을까? 앞서 E.C.O.R 분석에서 했던 상사 분
석 결과를 바탕으로 상사의 주의를 끄는 표현을 미리 만들어보자. 다음과
같은 방법들이 있다.

- 놀랍거나 흥미로운 통계치
  "팀장님, 1/4분기 신입 사원 이직률이 작년 1/4분기 대비 두 배나 증
  가했습니다."
  "팀장님, 신입 사원 이직률 분석을 하다 보니, 유독 00 사업부의 경우
  만 전사 이직률보다 현저히 낮은 경향을 보입니다."

- 흥미로운 실제 경험
  "어제 현장에 나갔더니 XX이 아니라 ○○에 대해서 불만이 많았습니
  다. 이것은 지난 달 설문 결과와는 반대되는 현상입니다."

- 인상 깊은 사례
  "팀장님, 어제 ○○신문에 ○○변경에 대한 언급이 있었습니다."

• 질문

"팀장님, ○○에 대한 획기적인 방안이 없냐고 말씀하셨지요? 찾았습니다."

"팀장님, 혹시 ○○에 대해서 들어보신 적이 있습니까?"

• 심각한 상황

"현재 ○○을 그냥 둘 경우, ~ 프로젝트에 XX한 차질이 예상됩니다."

• 성장의 기회

"○○을 바로 변경하면 사후에 변경할 때보다 ○○한 이익을 얻을 수 있습니다."

• 상사의 관심사와 연결되는 주장

"리더들이 코치가 될 때 가장 크게 달라질 수 있는 것은, 조직과 리더에 대한 사원 만족도에 괄목한 만한 변화가 나타난다는 것입니다."

"지난주에 코칭의 효과에 대해서 분석해보라고 하셨습니다. 3가지 두드러진 효과가 분석 되었는데 그 첫 번째는 다름 아닌 사원들의 성과가 높아진다는 것이었습니다."

위의 예시들에서 본 것처럼 주의를 집중시키는 표현들은 매우 다양하다. 그러나 표현 방법은 다양하더라도 효과적인 주의 집중 방법에는 공통점이 있다. 그 표현들이 '보고의 주제'와 관련이 커야 한다는 점과 '상사의 비즈니스 관심사'와 연결이 되어야 한다는 것이다. 보고 주제와 관련이 없이 단순히 분위기를 조성하기 위한 표현들은 상사의 주의를 잠시 끌수 있을지는 몰라도 보고 내용에 계속 집중시키는 데에는 도움이 되지 않는다. 또 상사의 관심사와 연결되지 않는 말은 아무리 매력적인 표현이라도 군더더기가 된다.

보고의 결론을 말하기

거의 모든 상사들이 보고 시작 전에 요구하는 것이 바로 이 단계이다. 평소에 보고를 할 때 '결론이 뭔가?' '한 마디로 요점이 뭔가?' 라는 질문을 자주 듣는다면 확실히 문제가 있는 것이다. 갈증이 날 때 물을 마시지 못하면 계속 물 생각이 나서 현재 하는 일에 완전히 집중이 되지 않는다. 이처럼 보고의 도입 부분에서 상사가 요구하는 바를 충족시키지 못하면 상사는 다음 단계의 내용에 완전히 집중하지 못한다. '결론부터 말하기' 는 보고 커뮤니케이션의 두드러진 특징이다. 바쁜 상사들은 결론부터 듣고 자기 생각을 정리하기를 원한다. 이는 직위가 높아질수록 더 심하다. 아무런 체계 없이 두런 두런 말하는 보고를 듣는 것을 좋아하는 상사는 없다.

'보고의 결론을 말하기' 의 표현 방법

결론은 한 문장으로 간결하게 말한다. 결론을 말하려는데 여러 문장으로 설명이 길어지면 그것은 결론이 명확하지 못하다는 뜻이다. 보고자 자신의 입장에서는 명확하다 하더라도 상사에게 명확하게 전달되지 못하면 아무 소용이 없다. 일단 한 문장으로 간결하게 말한 후에 필요하다면 추가적으로 더 상세하게 설명하자.

- '신소재 ○○이 무엇인가' 에 대해서 조사해서 보고하는 경우, '○○에 대해 조사해본 결과, 우리가 현재 진행 중인 알파 프로젝트에 도입하기에 매우 적합한 소재라고 분석 되었습니다.' 라고 그 결론을 표현할 수 있다.

- '프로젝트 중간 보고' 라면 '지난 3월 시작했던 감마 프로젝트를 잘 지원해주신 덕분에 5월 현재 예정보다 1주일 일정을 앞당기면서 3단계 작업까지를 완료했습니다.' 라고 말할 수 있다.

- '새로운 교육 프로그램 개발 건' 이라면, '상무님이 늘 강조하시던 감성 리더십을 기존 교육 방식을 탈피하여, 리더들을 위한 효과적인 2박3일 프로그램으로 설계해보았습니다.' 라고 말할 수 있다.

보고의 윤곽을 보여주기

이 단계는 보고 시간, 보고 순서, 보고 목적, 상사에게 요청 하는 바 등을 개략적으로 말하면서 상사가 보고의 성격을 알게 하는 것이다. 즉 상사가 자신이 지금부터 어떤 보고를 어떻게 듣게 될 것인가를 이해하게 하여 더 잘 준비된 상태에서 듣게 하는 것이다. 보고 시간이 얼마나 걸릴 것인지를 미리 알면 그 시간 동안은 시간의 경과를 의식하지 않으면서 더 잘 집중할 수 있다. 또 보고의 목적이 결재를 받으려고 하는 것인지, 아이디어를 구하려고 하는 것인지, 단순한 경과 보고인지를 미리 알면 이 보고와 관련하여 자신이 해야 할 역할을 미리 파악하면서 더 효과적으로 경청하게 된다.

만약 단순한 경과 보고인 줄 알고 별 생각 없이 듣고 있었는데 마지막에 가서 '○○부분에 대한 검토 후 승인을 요청 드린다' 고 말하면 상사는 당연히 좀 더 검토한 후에 의사 결정을 하겠다고 미루게 될 것이다.

또 보고에 상사가 미리 알고 있는 내용이 들어가 있을 경우 상사 스스로 ○○한 부분은 이미 알고 있으므로 보고할 필요가 없다고 미리 얘기해 줄 수도 있다. 그러면 불필요한 시간과 에너지를 절약하고 보고의 내용과 시간을 상호 조정할 수 있다.

‘보고의 윤곽을 보여주기’ 의 표현 방법

- “그럼 지금부터 10분간 알파 프로젝트의 현재 진행 경과, 향후 일정, 주요 이슈, 지원 요청 사항 순으로 보고를 드리도록 하겠습니다. 현재의 성과를 지속하여 소기의 목표를 달성하기 위해 필요한 3개 사항들을 긍정적으로 검토해주시기 바랍니다.”
- “그럼 5분간 보고 드리겠습니다. 순서는 프로그램 개발을 위한 현장 리더 대상 교육 니즈 조사, 프로그램 개발의 주요 전제, 그리고 세부 프로그램 구성안입니다. 프로그램 설계안에 대한 상무님의 피드백을 요청 드립니다.”
- “이번 2차 보고에서는 20분간, 3단계 진행 과정 중 2단계에 초점을 맞추어 현황, 문제점, 개선 과제 순으로 보고 드리도록 하겠습니다. 개선 과제 실행 계획에 대해서 팀장님의 승인을 요청합니다.”

지금까지 살펴본 Opening의 다섯 단계들 가운데 현장의 보고자들이 자주 잊어버리는 부분은 어디일까? 바로 ‘주의 집중시키기’, ‘보고의 결론 말하기’, ‘보고의 윤곽 보여주기’ 단계이다. 상사가 ‘결론부터 말해 달라’고 요구를 자주 해서 훈련이 잘 되어 있는 우수한 보고자들도 ‘주의 집중시키기'와 '보고의 윤곽 보여주기' 두 단계에는 취약하다. 어떤 상사도 '나를 보고에 집중시키는 말을 해봐라'라고 요구하지 않기 때문이다. 또 주의를 집중시키는 한두 문장을 말하거나 보고의 윤곽을 미리 설명하는 것이 군더더기라고 생각하기 쉽기 때문에 이 두 단계는 잘 훈련이 되지 않는다.

하지만 Opening의 다섯 단계는 상사의 마음의 문을 여는 마법의 주문이라는 것을 꼭 기억하자. 마음의 문이 열려 있지 않은데 마음 속에 억지로 들어갈 수는 없다. 또 Openinge 단계가 중요하지만 지나치게 길어지면 효과가 떨어진다. 그런데 간결하면서도 매력적인 표현들은 즉석에서 잘 떠오르지 않는다. 보고에 들어가기 전에 사전에 준비해서 연습해야 한다.

이 때문에 OBC(Opening-Body-Closing)패턴으로 사전에 시나리오를 구성하고 말을 만들어보는 것이다. 중요한 보고일수록 더 견고한 시나리오가 필요하고, 가벼운 요소일지라도 시작하는 말(Opening)과 끝내는 말(Closing)은 준비해 놓는 것이 좋다.

특히 상사와의 관계가 편안하지 않은 사람이나 보고를 시작하기 전에 긴상감이 높은 사람에게 Opening 단계는 보고의 성패를 좌우할 정도로 중요하다. 그런 사람들일수록 보고를 시작할 때 무슨 말을 해야 할지를 몰라서 바로 보고서 내용을 읽는 경우가 많다. 그렇게 보고를 시작하면 당연히 긴장이 해소되는 데에 시간이 많이 걸린다. 심지어 보고 내내 자신감과 여유를 확보하지 못하기도 한다. 그러한 상태에서는 보고의 흡인력이 떨어질 수밖에 없다. Opening 단계는 보고를 잘하고 자신감 있는 사람들만이 사용하는 별난 구조와 화법이 아니다. 오히려 보고를 잘 못하거나 보고 시에 긴장을 많이 경험하는 사람들이 더 많이 활용할 필요가 있는 것이다.

　　　　　　　　　　　　　　　　　　　　　　PART 3 | 성공적인 보고의 실전

나에게 적용해보기

보고의 Opening 단계를 수행하는 나의 수준을 평가해보자.
각 문항에 '그렇다' 면 1점, '아니다' 면 0점.

1. 나는 보고를 시작할 때 상사에게 인사를 하고 무슨 보고를 하려고 하는가를 말한다. ☐

2. 나는 보고의 세부 내용에 들어가기 전에, 상사의 주의를 끌 만한 한두 문장을 말한다. ☐

3. 나는 상사의 주의를 끌 만한 한 문장을 말할 때 날씨나 곁 가지 이야기가 아니라 보고 주제와 연관된 것을 말한다. ☐

4. 나는 상사의 주의를 끌 만한 이야기와 상사가 보고의 중요 성을 느낄만한 사례나 표현을 미리 사전에 준비해서 연습 해둔다. ☐

5. 나는 상사의 주의를 끌 만한 이야기와 상사가 보고의 중요 성을 느낄만한 사례나 표현을 미리 준비할 때, 상사의 관심 사와 특성을 감안하여 준비한다. ☐

6. 나는 보고를 시작할 때 보고의 목적이 무엇인가를 말한다. ☐

7. 나는 보고를 시작할 때 보고의 결론을 말한다. ☐

8. 나는 보고를 시작할 때 몇 분간 어떤 순서로 할 것인가를 말한다. ☐

9. 나는 보고를 시작할 때 상사에게 요청하는 바가 무엇인가 를 말한다. ☐

10. 나는 Opening 단계를 5~7문장 전후로 간결하게 한다. ☐

- 9~10점 : 매우 효과적으로 수행하고 있다.
- 7~8점 : 비교적 잘 하고 있다. 좀 더 연습하면 아주 매력적인 Opening 전개를 할 수 있을 것이다.
- 5~6점 : 무난하다. Opening 단계에 대해 연습하면 보고효과를 높이는 데에 큰 도움이 될 것이다.
- 4점 이하 : Opening 단계에 대한 기본적인 이해가 부족하다. 집중적인 학습과 연습이 필요하다.

CHAPTER 03

보고의 핵심(Body):
상사의 생각과 함께 흘러라

매력적인 Opening으로 상사의 마음속에 들어가는데 성공했는가? 하지만 안심할 수 없다. 중요한 것은 지금부터다. 동굴 속으로 들어가는 것이 목적이 아니다. 동굴 속 보물을 가지고 무사히 돌아가야 한다. 보고의 Body 단계는 Opening 단계에서 소개한 보고 순서대로 주요 내용을 설명하여 상사와 보고의 핵심을 공유하는 단계다. Opening을 잘 해서 상사가 보고 내용에 관심을 가졌다 하더라도 주요 내용을 전개하여 상사와 생각을 공유하지 못하면 보고의 목적을 달성할 수 없다. 또 Body 단계는 보고 전체에서 차지하는 시간이 가장 길기 때문에 상사의 주의가 흩어지기 쉽다. 가장 중요한 부분임에도 효과적으로 전개하기가 어렵다.

보고자가 Body 단계에서 많이 빠지게 되는 대표적인 생각 오류 3가지와 그로 인해 나타나는 비효과적인 행동들을 살펴보자.

오류 1. 나에게 확실한 것은 상대방에게도 확실할 것이다.

자기가 분명히 알고 있거나 당연하다고 생각하는 것은 상대에게도 그러할 것이라고 생각하는 것이다. 그래서 그런 내용은 대충 설명하거나 건너뛰어 버린다. 예를 들면, 오류 1을 가진 보고자들은 아래 예문과 같이 어떤 문제에 대한 해결책을 제시할 때, 납득할만한 원인 분석 과정 없이, 혹은 분석 과정의 제시 없이 바로 해결책을 제시하는 행동을 한다. 아래의 보고 예시를 보자.

"작년에 신설했던 '파워 리더십 과정'은 수강 신청 인원이 차수마다 미달이 되었고 참가자들의 교육 후 피드백도 부정적이었고, 무엇보다 중요한 현업 적용도도 낮았습니다. 그래서 올해에는 지난 달 제가 프로그램 검토 후에 상세 설명 드린 바가 있는 '변혁 리더십 과정'으로 대체하여 실시하고자 합니다. 세부 실시 계획은 다음과 같습니다."

이 예문에서 보고자가 보이는 있는 오류가 무엇인가? 바로 내가 알고 있는 것을 상대도 잘 알고 있으리라고 생각하는 오류다. 변혁 리더십 프로그램이 무엇인지는 담당자인 자기가 분명하게 알고 있는 내용이지 상사는 그 내용을 정확하게 기억하지 못할 가능성이 크다. 또한 기존 파워 리더십 프로그램에서 나타난 문제의 원인이 구체적으로 무엇인가를 말하지 않고 해결책부터 제시를 하면 상사가 새로운 프로그램에 대해 신뢰하기가 어렵다. 보고를 준비할 때에는 자신의 이해가 아니라 상사의 이해를 기준으로 준비해야 한다. 상사가 무엇을 알고 무엇을 모르는가를 파악하여 설명 내용과 방식을 결정해야 한다. 또한 보고 시에 상사의 실제 반응을 파악하면서 설명의 깊이를 조절하여야 한다.

오류 2. 길고 구체적으로 설명할수록 상대가 잘 이해할 것이다.

보고자들은 길고 구체적으로 설명을 하려는 경향이 있다. 상대에게 자기 생각을 잘 이해시키고 싶은 마음에 자기가 알고 있는 모든 것을 말하고 싶어 한다. 누구나 자기가 현재 하고 있는 일이 다른 일보다 중요하게 생각되고, 또 보고를 위해서 많이 준비하다 보면 여러 가지 것들이 중요하게 생각되기 때문이다. 하지만 설명이 길어질수록 상대의 주의 집중도는 떨어진다. 세부 내용이 많으면 오히려 핵심의 파악을 방해한다.

오류 3. 논리적이고 통계적인 자료를 제시하면 항상 설득력이 있을 것이다.

보고자들은 통계나 수치 등을 남용하는 경향이 있다. 자신의 메시지를 증명하기 위해서 객관적인 증거가 필요하다고 생각하기 때문이다. 그 말은 반은 맞고 반은 맞지 않다. 연구에 의하면, 생생하고 구체적인 사례 하나는 1,000개의 표본을 조사한 결과보다 더 설득력이 있다. 예를 들어 보자. 성인 1,000명을 대상으로 한 연구결과 50대 성인의 60%가 암 발병 가능성이 있다고 말하는 것보다, 평소 병원 한 번 가지 않을 정도로 건강하던 옆집 사람이 암 선고를 받고 세 달 만에 세상을 떠났다는 사례가 건강관리의 중요성을 강조하기에 더 적절할 수 있다. 또 고객 만족도가 0.7 포인트 떨어졌다는 통계보다 무엇이 불만스러운지 고객들의 생생한 실제 언어로 표현된 인터뷰 내용이 더 설득적일 수 있다. 통계나 수치는 객관적이지만 생생함과 구체성이 떨어질 수 있어서 사람들에게 생각만큼 흡인력있게 전달되지 않는 경우가 많다.

위의 세 가지 대표적 오류가 일어나지 않도록 Body 단계를 잘 전개하는 방법은 '상사의 생각과 함께 흐르는 것'이다. 가장 좋은 보고는 나의 이해에 기반을 둔 것이 아니라 상사의 이해에 기반을 둔 것이어야 하고, 내가 설명하기 쉬운 것이 아니라 상사가 알아듣기 쉬운 것이어야 하고, 내가 신뢰하는 근거가 아니라 상사가 신뢰하는 근거를 제시해야 한다. 보고의 목표는 상사의 마음을 움직여야만 얻어낼 수 있는 것이기 때문이다.

Body 단계의 세부 단계인 '설명하기-증명하기-전환하기'는 보고를 들을 때의 상사의 생각 흐름에 기초하고 있다. '뭐지?(설명하기)- 왜 그렇지?(증명하기)- 이 이야기가 다음 이야기와 무슨 관련이 있지?(전환하기). 흐르는 물에 장애물이 있으면 물이 잘 흐르지 않듯이 생각에도 도중에 일어나는 의문과 같은 장애물이 생기면 다음으로 흐르지 못하고 그 부분에서 정체된다. 상사가 보고를 듣는 동안 생각의 장애물이 걸려 멈추지 않게 하는 것이 좋다. 구체적으로 어떤 방법으로 Body 단계를 전개해야 상사의 생각과 함께 흐를 수 있을까?

첫째, Body에서 제시하는 주요 포인트를 3~4개로 유지한다

주요 내용이 많아지면 더이상 주요 내용이 아닌 일반적인 내용이 되어버린다. 또 주의를 분산시켜 잘 기억하지 못하게 한다. 피라미드 구조에서 Key 메시지를 3개로 만들었던 것을 기억하는가? 그 3개 메시지를 Body 단계에서 설명하고 증명하는 3개 메시지로 전환하면 된다. 만약 피라미드 구조 작성 없이 간략한 구두 보고를 준비할 때에는, 하고자 하는 말을 3~4개 정도로 중요한 것만 선택해서 논리적 흐름으로 연결하여 Body 단계를 구성하면 된다.

둘째, 짧은 문장으로 말한다

짧은 문장은 말의 의미를 명확하게 전달할 뿐만 아니라 힘이 있다. 문장이 길어지면 주절주절 말하는 것처럼 들려서 힘이 없고 핵심이 명확히 파악되지 않는다.

• 긴 문장 예시

▶ Point Box

"지금까지 ~에 대하여 제안 드렸듯이, 3개월 내로 ~한 정책을 입안하여 실시한다면 우리는 ~할 수 있을 것이므로, 신속하게 ~부터 시작해서 ~한 조치를 취해야 함을 한 번 더 강조드리오니 최선의 결정을 내려주신다면 ~한 결과를 얻을 수 있도록 할 것임을 말씀드립니다."

• 변경된 짧은 문장 예시

▶ Point Box

"지금까지 ~에 대하여 제안 드렸습니다. 3개월 내로 ~한 정책을 입안하여 실시한다면 우리는 ~할 수 있을 것입니다. 신속하게 · 부터 시작해서 ~한 조치를 취해야 함을 한 번 더 강조 드립니다. 최선의 결정을 내려주신다면 ~한 결과를 얻을 수 있도록 하겠습니다."

셋째, 핵심부터 말하고 부연 설명을 한다

Body 단계의 주요 포인트 각각에 대해 설명할 때도 일단 그 포인트의 핵심부터 말한다. 그런 다음 추가적인 설명을 하는 것이 상대에게 내용을 선명하게 전달되도록 도와준다.

- 설명 후 핵심을 말한 문장 예시

> 총 제작 기간은 A 단계에 1개월, B 단계에 1.5개월, C 단계에 0.5개월이
> 소요될 것이고, 숙련된 인력이 필요하므로, 대리급 3명이 풀타임으로
> 투입될 시 3개월 소요 예정입니다.

- 핵심부터 말하고 설명을 한 문장 예시

> 총 제작 기간은 대리급 3명이 풀타임으로 투입될 경우 3개월 소요 예정
> 입니다. A 단계에 1개월, B 단계에 1.5개월, C 단계에 0.5개월이 소요될
> 것이고, 숙련된 인력이 필요하기 때문입니다.

넷째, 분명한 근거를 제시하여 증명한다

일방적으로 주장하지 말고 상사가 신뢰할만한 방식으로 주장하는 바를 증명한다. 피라미드 구조의 Support 메시지를 활용한다. 증명의 방법으로는 통계, 전문가의 견해, 실제 성공 사례, 개인적 경험, 유추 등이 있다. '통계'를 사용할 때에는 최신 자료인지, 분명한 출처인지를 확인한다. '전문가의 견해'를 사용할 때에는 상사가 신뢰하는 전문가인가를 확인한다. '실제 성공 사례'를 제시할 때에는 한 가지 사례만으로 일반화시키지 않도록 하며 '그곳과 우리는 상황이 다르다'는 반론이 나오지 않도록 사례 제시의 기준을 명확히 하는 것이 좋다.

다섯째, 전환 문장을 효과적으로 활용한다

전환 문장은 주요 포인트와 주요 포인트를 연결해주는 문장이다. 전환

문장을 잘 사용하면 다음과 같은 효과를 얻을 수 있다. 첫째, 전후의 내용들을 서로 논리적으로 매끄럽게 연결시킬 수 있다. 둘째, 내용 간의 전환이 명확하여 상사가 전체 내용을 잘 이해할 수 있다. 셋째, 전체 주제를 자연스럽게 재강조하는 부가적인 효과도 있다. 넷째, 화법의 변화를 주어 긴 Body 부분의 전개 동안에도 지속적으로 상사의 주의를 유지시키는 데에 도움이 된다. 보고 시나리오를 작성할 때 Body 부분을 완전한 문장으로 작성하지 않는 경우에도 '전환 문장'은 꼭 문장으로 작성해보는 것이 도움이 된다.

전환 문장이 아니라 '다음은', '두 번째로는', '따라서' 등의 전환 문구를 사용하여 내용 전환을 하는 경우도 있다. 하지만 전환 문구를 사용하는 경우는 전환 문장을 사용할 때만큼 상기의 네 가지 효과를 얻기가 어렵다. Body에서 말하는 3가지 주요 메시지들을 하나에서 다음으로 전환할 때에는 전환 문구보다 전환 문장을 사용하는 것이 더 효과적이다. 말의 전개가 매끄러우면서도 명확하고 변화감 있게 화법을 구사하며 말하는 사람들의 언어를 잘 관찰해보라. 다양한 전환 문장을 사용하고 있다는 사실을 발견하게 될 것이다. 전환 문장의 공식이 따로 정해져 있는 것은 아니다. 하지만 일반적으로 다음과 같은 형식들이 활용되므로 참고하도록 하자.

• 말하고 있는 주제의 반복하기

예) 인센티브 제도의 변경을 통하여 얻을 수 있는 또 다른 효과는 ∼입니다. ∼란,

• 수사 의문문을 사용하기

예) 인센티브 제도의 변경을 통해서 얻을 수 있는 또 다른 효과는 무엇일까요? 그것은 바로 ~입니다. ~란,

• 앞의 내용들 요약하기

예) 지금까지 보고드린 내용을 요약하면 ~입니다. 마지막으로 ~에 대해 말씀드리겠습니다.

• 앞뒤의 의미를 논리적으로 연결하기

예) 지금까지 말씀드린 인센티브 제도의 변경으로 인한 문제점들을 해결하기 위한 방안에 대해 말씀드리겠습니다.

지금까지 살펴본 설명하기, 증명하기, 전환하기가 적용된 Body 단계의 간략한 예시는 다음과 같다.

• 주요 포인트 1 설명

현재 ~~한 문제가 있습니다.

• 주요 포인트 1 증명

아래 하단 좌측 자료에서 보시듯이, ~가 ~ 하며, ~가 ~한 상황입니다. 이러한 상황으로 인하여 하단 우측 자료에서 보시듯이 ~가 ~ 수준으로 심각하게 하락했습니다.

- 주요 포인트 1에서 주요 포인트 2로 전환

  이와 같은 문제를 해결할 수 있는 방안에 대해서 말씀드리겠습니다.

- 주요 포인트 2 설명

  해결 방안은 ~을 ~으로 변경하는 것입니다.

- 주요 포인트 2 증명

  아래 1번 자료에서 보시듯이, ~의 경우에도 ~ 방안을 통해서 문제를 해결한 적이 있습니다. 또한 2번 자료에서 보시듯이, ~의 경우에도 ~방안을 통해서 문제를 해결했습니다. 3번 자료처럼 ~~을 고려할 때 ~방안이 가장 효과성이 높은 방안임을 보실 수 있습니다.

- 주요 포인트 2에서 주요 포인트 3으로 전환

  이 방안을 적용했을 때의 기대 효과를 정리해봤습니다.

- 주요 포인트 3 설명

  3가지 기대 효과가 있습니다. A, B, C입니다.

- 주요 포인트 3 증명

  ~가 ~하게 될 것이므로, A의 효과가 예상됩니다. 또한 ~가 ~할 것이므로 B의 효과가 예상됩니다. 더불어 ~~가 10% 상승된다면, C와 같은 효과가 기대됩니다.

• 주요 포인트 3 에서 Closing 관계로의 전환

지금까지 ~에 대한 문제, 해결 방안, 기대 효과를 말씀 드렸습니다.
보고드린 내용의 핵심을 요약 하겠습니다.

나에게 적용해보기

보고의 Body 단계를 수행하는 나의 수준을 평가해보자.
각 문항에 '그렇다' 면 1점, '아니다' 면 0점.

1. 나는 보고를 할 때 말하고자 하는 주요 내용을 3가지 전후로 간결하게 정한다. ☐

2. 나는 보고를 할 때 말하고자 하는 주요 내용의 순서를 논리적으로 잘 배치한다. ☐

3. 나는 핵심부터 간결하게 말한 후에 필요한 부연 설명을 한다. ☐

4. 나는 내 주장을 논리적으로 말한다. ☐

5. 나는 내 주장이나 설명에 필요한 사례들을 잘 사용한다. ☐

6. 나는 내 주장이나 설명에 필요한 수치들을 잘 제시한다. ☐

7. 나는 상사가 신뢰하는 근거들이 무엇인지 알고 있다. ☐

8. 나는 짧은 문장으로 말한다. ☐

9. 나는 전환 문장을 잘 구사한다. ☐

10. 나는 상사의 반응을 파악하면서 설명의 깊이를 조절한다. ☐

• 9~10점 : 매우 효과적으로 수행하고 있다.

• 7~8점 : 비교적 잘 하고 있다. 좀 더 연습하면 아주 매력적인 Body 전개를 할 수 있을 것이다.

• 5~6점 : 무난하다. Body 단계에 대해 연습하면 보고 효과를 높이는 데에 큰 도움이 될 것이다.

• 4점 이하 : Body 단계에 대한 기본적인 이해가 부족하다. 집중적인 학습과 연습이 필요하다.

CHAPTER 04

보고의 종료(Closing) : 상사를 움직이게 하라

모든 일이 그렇지만 보고도 시작보다 마무리가 더 중요하다. 그런데 보고를 잘 마치는 것은 보고를 잘 시작하는 것만큼 어려운 일이다. 좋은 보고의 시작이 보고 내용에 대한 상사의 주의를 집중시킨다면, 좋은 보고의 마무리는 상사의 주의를 유지시키고 한 걸음 더 나아가 상사의 마음을 움직여 특정 행동을 하게 한다. 평범한 보고자들은 대부분 '이상입니다.' 는 말로 보고서의 설명이나 구두 보고를 마친다. 그리고 상사가 보고 내용에 대한 질문이나 지시를 하면 대답을 하고 '감사합니다,' 혹은 '언제까지 ~ 조치를 하겠습니다.' 라고 말하며 보고를 마친다. 하지만 탁월한 보고자들은 보고의 마무리 단계가 보고의 주요 내용을 설명하는 것 못지않게 중요하다는 사실을 알고 있다. 그들이 보고를 마무리 하는 행동을 관찰해 보면 다음과 같은 다섯 가지 세부 단계들을 발견할 수 있다.

- 주요 내용 요약하기
- 상사의 질문이나 피드백 요청하기
- 자신감 있고 성실하게 답변하기
- 상사의 피드백이나 상호 논의된 내용 요약하여 상호 확인하기
- 인상 깊게 최종 마무리하기

각각의 항목들을 좀 더 자세히 알아보자.

주요 내용 요약하기

'주요 내용 요약하기'는 Body 단계에서 설명한 주요 포인트들을 한 번 더 요약하여 보고의 주요 내용이 무엇이었는가를 상사가 정리하게 만드는 단계이다. 보통 '지금까지 ~을 적용해야 하는 이유와 그 구체적인 방법, 그리고 3가지 기대 효과인 ABC에 대해서 보고 드렸습니다. 말씀드린 바와 같이 ~한다면, ~ 할 수 있게 될 것입니다.' 와 같은 문장으로 표현된다.

보고자가 이렇게 요약을 하지 않으면 먼저 질문을 하는 상사도 있다. "그래서 김 대리 말은 ~하니까, ~을 우선적으로 시행하면 A, B, C 3가지 측면에서 도움이 될 거라는 말이지?" 이런 식으로 상사가 먼저 자신이 이해한 바를 말해준다면 좋을 것이다. 그런데 밖으로 표현을 하는 상사도 있지만 많은 상사들이 속으로 짐작만 한다. 상사가 속으로 짐작한 내용이 보고자가 강조하고자 했던 부분과 다를 때 상호 의사소통에 문제가 발생한다. 후자와 같은 상사에게는 특히 주요 내용 요약하기가 꼭 필요하다.

상사의 질문이나 피드백 요청하기

보고자가 보고 내용을 요약하게 되면 상사는 지금까지 들었던 내용이 떠오르면서 자연스럽게 질문을 던지는 경우가 많다. 만약 그렇지 않다면 보고자가 상사에게 질문을 던지거나 피드백을 요청해야 한다. 이는 자신이 한 보고에 대해서 상사의 반응을 적극적으로 파악하려는 시도다. 이러한 시도를 통해 자기 보고에 대한 열정을 보여주고, 상사에 대한 존중을 간접적으로 표현하는 효과를 얻을 수 있다.

상사와 서로 논의를 하면서 보고를 진행한 경우에도 상사의 추가적인 질문이나 의견 제시가 있을 수 있으므로 이 시점에서 질문이나 피드백을 요청하도록 한다. "팀장님, 지금까지 보고드린 내용에 대해서 궁금한 점 있으십니까?", "제가 보고드린 내용 외에 더 설명 드릴 것이 있을까요?", 혹은 "~에 대해서 팀장님 생각은 어떠신지요?"와 같은 표현을 사용할 수 있다.

자신감 있고 성실하게 답변하기

'답변하기'는 상사의 질문이나 피드백에 대해서 자신의 의견을 제시하는 단계이다. '답변하기'는 전체 보고에서 특히 중요한 부분이다. 준비된 보고 내용을 구두로 설명하는 것은 웬만큼 준비하면 누구나 할 수 있는 일이다. 하지만 상사가 하는 질문에 대해서 적절하고 힘있게 답변을 하는 것은 보고의 내용을 충분히 숙지하고 있지 않는 이상 잘 할 수 없는 일이다. 그래서 보고자와 보고에 대한 상사의 신뢰를 좌우하는 것은 바로

     PART 3 | 성공적인 보고의 실전

질문에 대한 답변이다. 답변은 질문의 형태에 따라서 조금씩 달라지지만 일반적으로 다음과 같이 하는 것이 효과적이다.

상사의 질문을 100% 경청

질문에 대한 확인

간결하게 답변

답변에 대한 부연 설명

핵심 메시지를 한 번 더 강조

답변이 충분한지 확인

2차 질문

〈답변의 일반적인 단계〉

　좋은 답변은 경청의 태도에서부터 시작된다. 예의 바른 경청은 상사가 보고자의 답변을 잘 수용하는 데에 영향을 미친다. 질문이나 피드백을 받은 후에 '～ 말씀이시지요?' 라든가 'ㅇㅇ 건에 대해서 다시 말씀드리면,' 등의 표현으로 상사의 질문이나 피드백 내용을 확인하는 것은 신중해 보여서 좋다. 그리고 짧은 몇 초간이지만 잘 정리된 의견을 제시할 수 있는 시간이 확보된다.

　답변을 할 때에는 간결하게 핵심부터 답변을 한다. 맞다 틀리다의 가부를 묻는 질문을 받으면 그 대답부터 한다. 금액이나 기간을 묻는 질문을 받았다면 간략히 금액이나 기간부터 답변을 한다. 그러한 답변은 발표자가 충분히 보고 내용과 관련된 정보에 대해 검토하고 준비했다는 사실을 증명한다. 또한 성실하고 명쾌한 이미지를 만들어준다.

간결한 대답 후에는 부연 설명이 필요하다. 이때 근거를 가지고 논리적으로 답변하도록 한다. 보고의 주요 내용과 연결된 답변일 경우에는 주요 내용을 한 번 더 강조하는 것도 좋은 방법이다. 예를 들면, '비록 큰 투자이지만 의사 결정을 해주시면 팀이 지난 6개월간 고심하던 문제를 꼭 해결할 수 있다고 확신합니다.' 와 같이 보고의 핵심을 답변과 연결하여 재강조할 수 있다. 답변을 마친 후에는 상사의 표정을 살피거나 혹은 '답변이 되었는지요?' 와 같은 질문을 하여 충분한 답변이 되었는지를 확인한다. 만약 상사의 표정에 미진한 부분이 남아 있다면 잠시 말을 멈추고 다음 질문을 기다려보도록 한다.

위의 답변 절차에서 중요한 것은 보고 내용에 대한 보고자의 준비성과 자신감, 그리고 상사에 대한 존중감이다. 안정된 답변을 하려면 보고자는 충분한 사전 준비가 되어 있어야 한다. 그래서 Closing 단계에 대해서 보고 시나리오를 작성을 할 때, 상사의 질문을 미리 예측하여 리스트를 만들어보고 각 질문에 대한 답변까지 기록하여 연습하면 좋다.

그밖에 답변 시 유의할 점은, 상사가 하는 질문의 겉 내용 뿐 아니라 속의 의미까지 들으라는 것이다. 속의 의미를 듣기 위해서는 상사의 언어만이 아니라 비언어적(표정, 목소리, 자세 등) 요소도 함께 파악해야 한다. '비용이 얼마인가?' 라는 질문을 똑같이 한다고 하더라도 상사가 편안한 표정으로 질문하는 경우와 마뜩찮은 표정으로 질문하는 경우는 서로 의미가 다르다. 전자의 경우는 비용 자체를 궁금해 하는 것일 가능성이 크므로, 단편적인 답변을 해도 된다. 하지만 후자의 경우는 상사가 보고 건의 비용 대비 가치에 대한 확신이 없는 경우일 수 있으므로 그만한 가치가 있는 일임을 재인식시킬 필요가 있다.

　　　　　　　　　　　　　　　　PART 3 | 성공적인 보고의 실전

또 상사와 의견이 다르거나 상사가 날카로운 지적을 할 경우에는 감정적인 대응을 하지 말아야 한다. 상사들은 때로 보고자가 얼마나 확신을 가지고 있는가를 시험해보기 위해 일부러 강경한 반대 입장을 취하기도 하기 때문이다. 의견 조율이 쉽지 않을 때에는 논쟁하지 말고 재검토 후에 보고를 다시 하겠다고 하고 그 자리를 물러나오는 것이 좋다. 단, 이때에는 보고 시간을 약속하는 것이 좋다. 서로가 생각할 시간을 갖게 하기 때문이다. 상사의 비난에 대한 바람직하지 않은 반응과 바람직한 반응을 몇 가지 예시를 통해 정리해보았다. 바람직한 반응들의 핵심을 먼저 말하자면 변명하거나, 공격하거나, 감정을 노출하지 말고 문제 해결에 집중하자는 것이다.

상사의 지적에 대한 바람직하지 않은 반응들

상　사 : 왜 지금 보고서를 가지고 오나?

보고자 : 팀장님이 언제까지라는 말씀을 안 하셔서 급하지 않으신 줄 알았습니다.

상　사 : 이 정도 밖에 기안이 안 되나?

보고자 : (기분 나쁜 표정으로 아무 말도 안 하기)

상　사 : 지금이 어느 때인데 이 정도 일에 이런 비용을 쓰자는 거지?

보고자 : 그것은 팀장님이 ○○를 모르시기 때문에 하시는 말씀입니다 (혹은, 상무님이 지시하신 일인데요).

상사의 지적에 대한 바람직한 반응들

상　사 : 왜 지금 보고서를 가지고 오나?

보고자 : 늦어서 죄송합니다. ○○분석을 하는데 예상보다 시간이 많이
　　　　소요가 되었습니다.

상　사 : 이 정도 밖에 기안이 안 되나?

보고자 : 부족한 부분을 짚어 주십시오. 다시 보고 드리겠습니다.

상　사 : 지금이 어느 때인데 이 정도 일에 이런 비용을 쓰자는 거지?

보고자 : 적지 않은 비용이 투자되는 일이 맞습니다. 하지만 팀장님이
　　　　의사 결정을 해주시면 그간 팀에서 계속 문제가 되던 ○○ 부
　　　　분의 문제를 제가 이번에 꼭 해결해보겠습니다.

상사의 피드백, 상호 논의된 내용 요약·확인하기

　상사의 피드백이나 상호 논의된 내용을 요약하여 확인하는 것은 커뮤
니케이션에 오류가 발생되지 않도록 하기 위한 것이다. 보고 중에 논의된
내용을 서로 명확히 확인하는 이 단계를 실행하지 않으면 추후 업무 단계
에서 오류가 발생하거나, 불필요한 작업을 수행하게 될 가능성이 크다.

　이 단계는 "오늘 논의된 내용을 제가 명확히 이해했는지 정리해보겠
습니다. ~입니다. 부족한 부분이 있거나 추가하고 싶은 부분이 있으시
면 말씀해주십시오." 혹은 "그럼, 팀장님. ○○ 건은 ~하게 처리하고, ~
에 대해서는 ~까지 재검토해서 내일 보고 드리면 되겠습니까?"와 같이

표현할 수 있다.

　이와 같은 적극적이고 명확한 업무처리 모습은 상사에게 신뢰감을 준다. 보고를 마무리하는 단계에서 상사들을 불편하게 하는 표현은 "언제까지 다시 말씀드리면 될까요?" 라든가 "어떻게 재검토하라는 것인지 한 번 더 말씀해주시겠습니까?"와 같은 수동적인 표현이다. 자신의 생각을 보다 주도적으로 제시하자.

인상 깊게 최종 마무리하기

　'인상 깊게 최종 마무리하기' 는 보고를 마치는 마지막 말이다. 평범한 표현으로 마치는 대신 인상 깊은 표현을 사용하여 마무리하자. 이는 보고의 목표 쪽으로 상사를 움직이게 하는 데에 도움이 된다. 또 보고자의 이미지를 다시 설정할 수 있다. 평범한 보고자들은 질문에 대한 답변을 마지막으로 보고를 마치는 경우가 많다. 이럴 경우 만약 원활한 질의 응답이 이루어지지 못했다면 보고자가 강조했던 보고의 핵심 내용이 흐려지는 일이 발생한다. 그렇다면 상사에게 인상 깊게 들릴 수 있는 표현은 어떤 것일까? 그것은 다음 두 가지를 포함한다.

▶ Point Box

　첫째, 상사에게 요청하고자 하는 바를 구체적으로 말한다.
　둘째, 보고 내용에 대한 보고자의 확신과 열정을 보인다.

　사람들은 막연한 메시지보다 구체적인 메시지에 더 빠르게 잘 반응한다. 'ㅇㅇ건에 대해서 여러 모로 관심을 가져달라.' 는 표현보다 '다음 달

관리자 회의에서 ○○건에 대한 협조 요청을 타 관리자들에게 해 달라.'
는 요청이 상사로 하여금 사안을 정확히 파악하고 일정표에 메모를 하도
록 만든다. 또 요청을 할 때 보고자는 자기 보고 내용에 확신과 열정을 보
여야 한다. 이것은 상사의 생각과 정서에 함께 영향을 미친다. 상사들은
보고 내용이 좀 부족하더라도 큰 문제라고 생각하지 않는다. 대신 수정하
거나 다시 보고하게 하면 되기 때문이다. 하지만 보고자의 열정이 미흡한
것은 상사가 도와주거나 개선하기 힘든 문제라고 생각한다. 또한 보고자
의 열정과 확신은 상사에게로 전염될 수 있다. '이 사람이라면 최선을 다
해서 이 프로젝트를 추진하겠구나!' 하는 신뢰는 그러한 긍정적인 정서
상태에서 일어나기 쉽다.

그렇다면 상사에 대한 요청과 보고자의 열정을 함께 나타낼 수 있는 표
현에는 어떤 것들이 있을까? 다음의 예시를 살펴보자.

"팀장님. 본 보고 내용을 시행할 수 있도록 ○○건에 대해 승인해주시
면, ~까지 ~을 꼭 만들어보겠습니다."

"이번 건은 제가 맡는 첫 프로젝트입니다. 잘 해보고 싶습니다. 긍정적
으로 검토하시고 승인해주십시오. 꼭 목표한 결과를 만들어내겠습니다."

"상무님, 이번 감성 프로그램은 리더들의 리더십을 한 단계 업그레이
드할 수 있는 것임에 분명합니다. 승인해주시면 최상의 리더십 프로그램
이 될 수 있도록 준비하겠습니다."

"중요한 일을 맡기고 지원해주셔서 성과를 거둘 수 있었습니다. 2명의
인력을 더 투입해 주신다면, 납기 내에 A부분을 더 강화하여 개발을 완료
하겠습니다."

　　　　　　　　　　　　PART 3 | 성공적인 보고의 실전

나에게 적용해보기

① 보고를 마무리할 때 지금까지 설명한 주요 내용을 한 번 더 요약한다. ☐

② 보고를 마무리할 때 상사의 질문을 요청한다. ☐

③ 보고를 마무리할 때 상사가 질문이 없으면 내가 상사에게 확인하고 싶은 것을 질문한다. ☐

④ 보고를 마무리할 때 보고 중에 언급된 내용들(상사의 피드백, 지시 사항 등)을 메모하고 요약한다. ☐

⑤ 보고를 마무리할 때 보고를 통해 상사에게 요청하고자 했던 것을 명확히 요청한다. ☐

⑥ 상사가 질문을 하면 결론부터 답하고 부연 설명을 한다. ☐

⑦ 상사가 나와 다른 의견을 말하면 바로 상사의 의견을 따르기보다 나의 의견을 한 번 더 소신 있게 말한다. ☐

⑧ 보고를 마무리할 때 계속 상사의 눈을 보면서 말한다. ☐

⑨ 보고를 마무리할 때 보고 내용에 대한 나의 확신과 열정을 보여 준다. ☐

⑩ 보고의 마무리를 효과적으로 하기 위해 무슨 말을 할지 미리 준비해 놓는다. ☐

- 9~10점 : 매우 효과적으로 수행하고 있다.
- 7~8점 : 비교적 잘 하고 있다. 좀 더 연습하면 더 매력적인 Closing을 할 수 있을 것이다.
- 5~6점 : 무난하다. Closing 단계를 연습하면 보고 효과를 높이는 데 많은 도움이 될 것이다.
- 4점 이하 : Closing 단계에 대한 기본적 이해가 부족하다. 집중적인 학습과 연습이 필요하다.

긴장감을 조절하라

이제 상사의 지시의도 파악에서부터 보고의 실제 시나리오 구상까지 눈에 보이는 모든 작업을 끝냈다. 이 내용을 상사 앞에서 생각한 바대로 표현하기 위해서 중요한 한 가지가 남았다. 바로 '마음 다스리기'이다.

보고를 할 때마다 누구나 조금씩은 긴장한다. 정도의 차이가 있을 뿐 실패가 조금이라도 예상되는 상황에서 긴장감을 느끼지 않는 사람은 없다. 전혀 긴장하지 않는 사람이 있다면 오히려 문제다. 그 사람은 긴장감이 유발하는 긍정적인 기능을 활용하지 못하기 때문이다. 긴장감은 유쾌한 감정은 아니지만 적절히 이용한다면 오히려 긍정적인 효과를 낼 수 있다.

이번 장에서는 보고 시에 경험하는 긴장감에 대해 알아보고 긴장감을 최적의 상태로 다루는 방법을 살펴본다.

보고 시에 나타나는 긴장감

보고를 앞두고 가벼운 긴장감을 겪는 사람들이 있는 반면 심한 두려움을 겪는 사람들도 있다. 설명하려고 하는 단어가 바로 떠오르지 않아 말이 막히거나 더듬거리게 된다. 호흡이 자연스럽지 않아서 목소리가 떨리거나 중간에 꺽꺽대는 소리가 날 때도 있다. 입에 침이 말라서 혀를 과도하게 움직이게 되거나 반대로 침이 너무 많이 나와서 말하면서 보고서에 침이 튀기도 한다. 얼굴이 붉어지거나 창백해지는 경우도 있다. 글자가 잘 안 써지거나 들고 있던 포인터를 제대로 사용하지 못한다. 심할 경우에는 얼굴 근육에 경련이 일거나, 심장박동 소리가 바깥에까지 들린다고 스스로 느낄 만큼 커지고 빨라지며 목소리가 안으로 잦아들어간다. 얼굴과 손바닥만이 아니라 온몸에 땀이 나서 셔츠가 흠뻑 젖어서 웃옷 저고리를 벗지 못하는 사람도 있다.

사람에 따라서 차이는 있지만 대개 다음과 같은 경우에 보고자들은 긴장을 경험한다. 앉아서 보고를 할 때보다 서서 보고를 할 때, 가까운 상사보다 차상위자 등 어려운 사람에게 보고를 할 때, 한 사람 앞에서 말할 때보다 여러 사람들 앞에서 말할 때, 늘 같이 지내는 사람들 앞에서 말할 때보다 낯선 사람들 앞에서 말할 때, 작고 가벼운 사안보다 반대가 예상되는 크고 어려운 사안을 보고할 때, 준비가 충분히 되어 있는 경우보다 준비가 부족할 때이다.

이러한 긴장감을 해소하기 위해서는 먼저 자신과 현상을 객관적으로 바라보며 긴장감의 본질이 무엇인지 파악할 필요가 있다. 긴장감을 유발시키는 요소는 무엇일까? 그것은 다름 아닌 보고자 자신의 생각이다. 물론 보고자의 생각 이외에 외부의 다른 요인으로부터 생긴 영향이 있는 것처럼 생각될 수 있다. 예를 들어 어렸을 때 엄한 아버지 앞에서 말을 제대로 못하면서 컸다든가, 학창시절에 많은 사람들 앞에서 이야기를 하다가 창피를 당한 적이 있다든가 하는 과거의 상처가 그러하다. 또 상사가 성격이 괴팍한 사람이라서 조금이라도 문제가 있으면 심한 공격을 하는 사람이라든가 하는 등의 상사에 관한 요인도 있다.

하지만 이와 같은 요인들도 실재하는 것들이 아니라 보고자의 생각 속에 존재하는 것일 뿐이다. 보고자는 아직 보고를 시작하지 않았고 그러므로 당연히 아직 실패하지도 않았다. 해보지도 않은 상태에서 자신을 아직도 아버지 앞에서 쩔쩔 매는 어린아이라고 착각하는 생각, 사람들 앞에서 말하다가 또 창피를 당할 수 있다는 생각, 상사에게 분명 공격당할 것이라는 생각 등이 긴장을 불러 일으키는 것이다.

모든 일에는 분명한 원인이 있다. 긴장감을 경험하는 현상은 분명 그 긴장감을 촉발시키는 요인으로부터 발생한다. 하지만 그 요인들은 외부의 어떤 대상이나 사선이 아니라 그것을 자기식으로 해석해서 받아들이는 자신의 생각과 더 가깝게 관련되어 있다. 이는 바꿔 말하면 자신의 생각을 전환함으로써 충분히 긴장 극복이 가능하다는 얘기이다. 설령 외부 환경이 바꾸어지지 않는다고 하더라도, 즉 어릴 적의 경험을 바꿀 수 없고 현재의 상사를 바꿀 수 없다 하더라도 나의 생각을 전환시키면 긴장으로부터 해방될 수 있는 것이다.

긴장을 경험할 때의 자기 생각을 거울을 보듯 확인해보자. 아마도 다음 생각들 중의 일부가 들어있을 것이다.

- 이번에도 잘 안 될 거야.
- 중간에 분명 말이 막힐 거야.
- 나는 설득에 약해.
- 상사가 저런 눈빛으로 쳐다보는 걸 보니까 또 분명히 뭐가 마음에 안 드나 보네.
- 나는 말을 잘 못해.
- 내가 더듬거리는 것을 보고 분명 형편없고 우습다고 생각할거야.
- 절대 실수하면 안 돼.
- 상사는 나를 별로 좋아하지 않아.
- 준비를 덜 한 것이 들통이 날 것 같군.
- 사실 나는 아무 것도 제대로 아는 것이 없어.
- 떨리는 것은 내가 조절할 수 있는 일이 아니야.
- 사장님은 아마 내 머릿속이 다 들여다 보일거야.

이런 생각을 한 적이 있는가? 그러나 위 생각들 중 어떤 것도 사실이 아니다. 혹은 사실이라 하더라도 중요하지 않다. 그리고 이번 보고도 지금까지처럼 잘 안 되리라는 법은 절대 없다. 설득에 준비가 덜 된 사람은 있어도 처음부터 설득에 약한 사람은 없다. 자기 한계에 대한 생각을 제거하면 우리는 좀 더 자유롭게 원하는 바를 이룰 수 있다.

상사가 눈빛이 뭔가 마음에 안 들어하는 것 같아도 정말 마음에 안 들어서가 아니라 단지 뭔가 골똘히 생각하고 있었기 때문일 수 있다. 말을 매끄럽게 못하는 것과 보고를 못하는 것은 다른 문제다. 말을 좀 더듬고 표현이 어색하더라도 충분히 핵심을 잘 전달하는 보고를 할 수 있다. 보고자가 몇 마디 더듬거린다고 해서 우습다고 생각할 정도의 양식 없는 사람은 당신의 상사들 중에는 드물다.

몇 번 실수를 한다고 세상이 무너지는 것도 아니다. 상사가 나를 별로 좋아하지 않는지 어떤지는 확인해봐야 알 일이다. 게다가 상사가 꼭 나를 좋아해야 하는 것은 아니지 않는가?

준비가 좀 부족한 경우에도 그 사실을 지적당할 수도 있지만 그렇지 않을 수도 있다. 일단 앞에 나가서 보고를 하고 있다면 아무것도 모르는 상태인 것은 아니다. 자기 안에서 일어나는 모든 것은 자기 자신이 조절할 수 있다. 보고자의 머릿속을 모조리 다 들여다보는 정도의 신통력을 가진 CEO는 이 세상에 한 명도 없다.

우리는 사실이 아닌 생각을 왜 사실처럼 받아들이며 스스로 긴장을 경험하는 것일까? 그것은 본능적으로 당신의 몸과 정신이 긴장이 가진 긍정적 의도를 활용하려고 하기 때문이다. 중요한 보고가 일으키는 긴장은 보고자로 하여금 더 많이 준비하게 하거나 잘 집중하여 실패하지 않게 만든다. 그런데 복잡한 일을 잊어버리려고 과음을 하는 음주자의 의도는 문제 해결을 시도한다는 측면에서는 긍정적이지만 그 과음 행위는 몸에 해롭다. 마찬가지로 보고 시에 겪게 되는 긴장의 의도는 긍정적이지만 그 긴장에 지나치게 영향을 받거나 휘둘리게 되면 문제가 발생한다.

복잡한 일에서 자유로워지기 위한 방법은 사람마다 다르다. 어떤 사람은 운동을 하고, 어떤 사람은 다른 일에 집중하고, 어떤 사람은 신뢰하는 사람에게 마음을 터놓고 대화를 하고, 어떤 사람은 명상을 하고, 어떤 사람은 여행을 떠나고, 어떤 사람은 직접적인 문제 해결을 시도한다. 이처럼 긴장을 바람직하게 해소하는 방법도 사람마다 다를 수 있다. 보고 시의 긴장을 해소하는 방법을 환경적인 수준에서 조절하는 법, 신체적인 수준에서 조절하는 법, 정신적인 수준에서 조절하는 법, 영적인 수준에서 조절하는 법으로 나누어 정리해보았다. 적용해보고 자신에게 맞는 방법을 찾아보자.

환경적 수준에서 조절하는 방법

환경적 수준의 조절 방법들은 도구나 장소, 시간 등을 조절하여 자신이 좀 더 편안하게 말할 수 있는 환경을 조성하는 것이다.

메모지 준비하기

리허설을 하다보면 자주 막히는 부분이 있다. 그런 부분은 메모지를 준비하라. 자신이 보는 보고서 여백에 메모를 해도 좋고, post-it에 써서 붙여도 좋다. 혹은 보고 논리 구성 단계에서 사용했던 피라미드를 그대로 메모지로 활용해도 좋다.

마실 것 준비하기

입 안이 건조해지는 증상이 나타나는 경우는 녹차 한 잔을 준비하면 좋다. 물론 상사를 위한 차 한 잔도 같이 준비하여 들어간다. 보고 직전에 분위기를 편안하게 하는 데에도 도움이 될 것이다.

공간과 친해지기

상사가 일하는 장소가 아니라, 회의실 등을 빌려서 보고를 하는 경우에는 미리 그 공간에 가서 상사가 앉을 자리와 자신이 앉을 자리를 마음으로 정해두고 공간에 편안해지도록 한다. 특히 여러 명을 대상으로 서서 보고를 하게 되는 경우에는 사전에 발표할 공간에 가서 장비를 점검하고 자신이 움직일 동선까지도 꼭 확인해보자.

상사가 가장 잘 집중할 수 있는 보고 시간대 잡기

상사가 편안한 모습으로 집중을 하고 있으면 보고자도 훨씬 더 빨리 편안함을 느낄 수 있다. 상사가 다른 일로 바쁘지 않은 때를 잘 선택하려면 상사의 업무 패턴을 미리 알아두고 보고 일자를 여유 있게 잡자. 만약 지금이 좋은 때가 아니라고 판단되면 다음으로 미룰 수 있도록 하는 준비가 필요하다.

신체적 수준에서 조절하는 방법

신체적 수준에서 조절하는 방법이란 긴장이 실제로 나타나는 몸의 상태를 보다 편안하게 이완시키는 방법이다.

보고 시작 전에 실제처럼 움직이며 말로 리허설하기

자신은 왜 그렇게 자신감이 없는지 한탄해 본 적이 있는가? 매사에 자신감 있게 보고를 잘 하는 사람을 부러워해 본 적이 있는가? 자신감을 태어날 때부터 가지고 있는 사람은 없다. 또 자신감은 만들겠다고 해서 억지로 만들어지는 것이 아니다. 자신감이란 연습과 경험이 주는 선물이다. 준비하고, 연습하고, 실행해본 만큼 자신감이 생긴다. 만약 긴 보고를 앞두고 전체를 다 연습할 시간적 여유가 없다면 적어도 중요한 부분만이라도 실제처럼 연습하라. 몸으로 기억한 것은 잘 잊어버리지 않는다.

     PART 3 | 성공적인 보고의 실전

보고 시작 전에 호흡하고 스트레칭하기

긴장을 하면 우리 몸의 근육들은 긴장이 되고 호흡과 맥박이 가빠진다. 땀이 나고 침이 마른다. 평온할 때는 근육들이 이완되고 호흡과 맥박이 느려진다. 이렇게 상반되는 두 상태는 한 몸에 동시에 존재하기 어렵다. 이러한 신체적 현상을 스스로 인식하면 긴장으로 인해 얕아지고 가빠진 호흡을 의도적으로 깊고 천천히 하도록 조절할 수 있다. 몸을 편안하게 만드는 것이다.

코로 숨을 천천히 들이쉬고 잠시 멈추었다가 다시 코로 천천히 내쉰다. 들이마실 때는 아랫배가 불룩해지도록 깊게 들이마시고 내쉴 때는 공기가 빠지는 풍선처럼 아랫배가 들어가게 하며 천천히 숨을 내쉰다. 숨을 들이마실 때 좋은 기운이 내 안으로 들어오고 숨을 내쉴 때 몸 구석구석의 긴장감이 모조리 빠져나간다고 상상한다. 억지로 숨을 참지 말고 자연스럽게 쉬되, 들이마시는 숨보다 내쉬는 숨이 점차 더 길어지도록 한다.

호흡은 근육을 이완시키는 데에도 도움이 되며, 부드러운 스트레칭도 근육의 이완에 좋다. 보고 시작 전에 아무도 없는 공간에서 스트레칭을 해서 몸의 긴장을 풀자. 거울을 보며 가장 편안하고 자신감 있는 표정을 만들어보라. 그리고 이완된 신체의 느낌을 그대로 기억하라. 상사를 대면할 때 그 느낌을 떠올리며 마주하라.

보고 시작 직전 상사와 가벼운 대화 나누기

보고를 앞두고 상사를 대면했을 때 바로 서둘러서 보고를 시작하려 하지 말고 간단한 인사를 나눈다. 직위 차이가 커서 가벼운 대화를 먼저 시작하기가 힘이 든다면 인사를 한 후에 바로 말을 시작하지 말고 밝은 표정으로 잠깐 상사에게 눈을 맞춘다. 아마도 상사가 먼저 말을 시작할 것이다. 상사가 먼저 말을 시작하지 않더라도 잠깐 멈춰 있는 그 시간 동안 여유를 가질 수 있다. 이는 보고자 자신에게도 좋지만 상사에게도 보다 여유 있게 보고를 경청하게 하고, 준비가 잘 된 보고자의 여유를 느끼게 한다. 서두른다는 것은 긴장의 표시다. 몇 초를 서두르다가 보고 전체의 여유를 잃어버리는 어리석음을 범하지 말자.

보고 중 상사와 눈 맞추기, 적절한 제스처 사용하기

보고를 진행하는 도중에 틈틈이 상사와 눈을 맞춘다. 긴장을 할수록 상사의 눈을 보지 못하고 보고서만 들여다보거나 힐끗힐끗 상사의 표정을 살피게 된다. 보고자가 상사를 바라보지 않으면 상사의 표정도 딱딱해진다. 보고자는 보고서만 뚫어지게 바라보는데 혼자서 미소를 띠며 보고자를 경청하고 있는 상사를 상상할 수 있는가?

딱딱해진 상사의 표정을 보게 되면 보고자는 더욱 긴장을 하게 된다. 이렇게 긴장의 악순환이 일어난다. 그 악순환을 끊을 수 있는 사람은 누구일까? 바로 보고자다. 보고를 듣는 입장인 상사가 보고자의 긴장까지 일일이 헤아려 배려해 줄 수는 없다. 보고를 하고 있는 당사자가 끊어야 한다. 그리고 충분히 끊을 수 있다.

시선만이 아니라 제스처도 마찬가지다. 긴장을 하게 되면 제스처가 더 없어지거나 더 많아진다. 경직되어 있거나 산만한 보고자를 바라보면 상사도 마음이 불편해진다. 그런 상사를 보며 보고자는 더 불편해지기 마련이다. 그런데 보고자가 상사에게 나를 편안하게 봐달라고 주문할 수 있을까? 해결책은 하나다. 스스로 자신의 몸을 편안한 상태로 만들어서 상사

　　　　　　　　　　　　PART 3 | 성공적인 보고의 실전

가 자신을 편안하게 바라보도록 해야 한다. 보고 전에 호흡과 스트레칭을 할 때 제스처도 함께 연습해보자.

시나리오를 써보기

보고할 때 긴장감이 너무 심해서 처음부터 끝까지 말이나 제대로 할 수 있을지 의심스럽다면 시나리오 구상 단계에서 만들었던 시나리오를 상세하게 완성해보라. 아예 말하듯이 처음부터 끝까지 써볼 수도 있다. 물론 상세하게 썼다고 해서 그대로 읽거나 외워서 할 것은 아니지만 일단 내용을 일일이 확인하고 나면 자기가 제대로 설명해낼 수 있음을 알고 편안해질 수 있다.

정신적 수준에서 조절하는 방법

정신적 수준에서 조절하는 방법은 신체적 긴장을 유발하는 보다 근본적인 생각들을 전환하는 것이다. 모든 생각은 자기 안에서 일어나는 것이며, 자기 안에서 일어나는 생각은 그 생각을 만들어 낸 스스로 조절할 수 있다.

근거 없는 부정적 자기 말(self-talk) 제거하기

'실수할 거야, 통과 안 될 거야, 엄청 깨질 거야, 난 보고 체질이 아니야, 대답을 제대로 못하면 어떻게 하지?, 또 얼굴이 붉어질 것 같아' 등의 도움이 안 되는 생각들이 떠오르면 의도적으로 도움이 되는 생각들을 하자. '다 사람이 하는 일인데 실수할 수 있다, 정정하면 된다, 만약 통과가 되지 않으면 2차 보고를 하자, 도움이 되는 피드백을 많이 받을 거야, 나

는 진솔하게 말을 하는 장점이 있어, 내가 보고를 준비하며 생각했던 대로 성실하게 답변을 하자' 등의 긍정적 생각을 해보자. 사람의 몸은 자신이 생각하는 대로 반응하게 되며 그러면 행동의 결과도 생각대로 나타날 가능성이 커진다.

머릿속에 큰 그림이 떠오르게 하기

자신이 보고할 내용에 대해 머릿속에 한 장의 그림이 떠오르게 해보자. 보고의 전체 흐름이어도 좋고, 한 장의 이미지여도 좋다. 그 그림을 머릿속에 저장해 놓고 떠올리면서 보고하면 도중에 내용을 잊어버리거나 뒷부분에 해당되는 질문을 받더라도 당황하지 않고 말을 이어갈 수 있다.

보고 시작 전에 최상의 보고 모습을 그려보기

보고를 시작하기 전에 눈을 감고 보고의 시작부터 끝까지를 예상하여 영화를 보듯이 떠올려보자. 자신이 기대하는 최상의 모습으로 보고를 수행하는 스스로의 모습을 감탄하며 바라보자. 또 그렇게 보고를 할 것이라고 믿자. 진심으로 믿으면 실제로 그렇게 된다. 이러한 시각화 훈련은 운동선수들이 평소에 평정심을 훈련할 때, 또 중요한 경기 전에 집중력을 기를 때에 실제로 사용하는 방법이기도 하다.

보고 시작 직전 마음을 내려놓기

보고 시작 직전의 상황에서는 더 이상 다른 준비를 할 수 없다. 그냥 마음을 내려놓아라. 걱정하고 염려하는 것은 도움이 되지 않는다. 리허설은 실전처럼, 실전은 리허설처럼 하라는 이야기가 있다. 자신을 편안하게 하면 이야기가 자연스럽게 자기 안에서 흘러나올 것이다. 괜히 허둥대거나 근거 없는 걱정으로 에너지를 떨어뜨리지 말고 그 대신 차 한 잔을 하거나 심호흡을 하며 휴식하라. 보고를 충분히 준비한 자기 자신을 신뢰하라.

보고 중 상사가 나의 말을 잘 경청하고 있다고 신뢰하기

보고를 하고 있는 도중에는 상사에 대해 절대적인 신뢰의 느낌, 존중의 마음을 유지하라. 상사가 설령 날카로운 표정으로 자신을 바라보고 있더라도 그것이 나의 보고를 못마땅하게 여긴 표정이 아니라 그가 집중하여 경청을 할 때의 표정이라고 생각하라. 상사는 보고자가 실수하는 것을 바라는 사람이 아니다. 상사 역시 보고자가 짧고, 간결하고, 인상적으로 보고를 잘 해주기를 바란다. 괜히 상사를 지나치게 의식하여 자신의 실수에 연연해하고, 그때부터 더 긴장해서 결국 최선을 다하기를 포기한 채 얼른 보고를 마쳐버리는 행동은 보고자가 스스로 만들어 내는 악순환일 뿐이다.

영적 수준에서 조절하는 방법

또 한 가지 긴장감 조절을 하는 방법은 '영적 수준'의 방법이다. 여기에서 말하는 '영적 수준'이란 종교적인 의미가 아니라 자기 자신의 좁은 경계를 넘어선 수준을 의미한다. 다음과 같은 3가지 방법이 있다.

자신이 하는 보고가 상사와 조직에 미치는 가치를 생각하기

사람은 자신이 하는 일이 자신의 세계를 넘어서서 타인이나 조직에 기여하는 것을 인식할 때 더욱 그 일에 의미를 느끼게 된다. 프로젝트 승인을 받는 것은 보고의 일차적인 목표이다. 하지만 그 승인으로 조직 내 특정 문제를 해결하고, 그로 인해 여러 사람들의 업무 생산성이 높아져 조직에 기여를 하게 된다면 보고자는 자기 보고의 가치를 더 절실히 느끼게 된다. 소중한 가치를 전달하는 작업을 하고 있다고 생각하면 동기 부여가 확실히 되어 긴장이 들어설 공간이 없어지거나 줄어든다.

상호 소통하며 상사의 의견 결정을 돕는 것임을 기억하기

보고는 상사의 의사 결정을 돕는 행위다. 그 본질을 잊고 보고 자체에 집착해서 상사를 설득해야겠다고 생각하면 긴장이 유발된다. 우리는 누군가를 진정으로 돕고자 할 때 그 사람을 가장 잘 도울 수 있는 방법이 무엇인가를 생각하게 된다. 사람은 한꺼번에 두 가지 생각을 동시에 하지 못하기 때문에 상사를 도우려는 마음이 생기면 그쪽으로 생각이 쏠려 긴장을 덜 하게 된다.

또한 보고의 본질이 일방적 전달이 아니라 상호 소통의 작업임을 기억하자. 보고라는 의사소통 작업을 통해서 나의 생각과 상사의 생각이 더욱 확장되고 조직에 기여할 수 있는 결과물이 만들어진다는 사실을 늘 기억하자. 단순히 나의 작업 결과물을 검사 받는다는 기분으로 앞에 서게 되면 긴장이 될 수밖에 없다. 반면 '같이 논의한다', 혹은 '상사의 피드백을 받아서 내 생각을 더욱 훌륭하게 완성시킬 수 있다.' 라고 생각하면 설령 상사의 날카로운 질책을 받는다고 하더라도 긍정적으로 받아들이며 긴장을 덜 하게 된다. 그러한 당신의 수용적이면서 자신감 있는 모습은 상사에게 높이 평가될 것이고, 당신 자신을 더욱 평온하게 만들어줄 것이다.

긴장이 나에게 보내는 메시지를 알아차리기

우리 몸과 마음에서 일어나는 모든 반응에는 의미가 있다. 몸살은 우리로 하여금 휴식을 취하라는 신호이고, 피가 나거나 통증이 있는 것은 상처를 빨리 보살피라는 신호이다. 어떤 일에 화가 나는 현상은 그것이 나를 불편하게 하는 문제임을 알아차리게 하고, 절망하는 것은 내가 바라는 것이 무엇인지를 깨닫게 한다.

보고에서 일어나는 긴장에는 자신에게 보내는 메시지가 있다. 똑같은 신체적, 정신적 현상이더라도 사람마다 내면의 메시지는 다를 수 있다. 하지만 대개의 경우 보고 시의 긴장은 보고자로 하여금 느슨해지지 말고 주요 내용을 잘 전달하라는 내면의 메시지다. 긴장감을 불편하고 짜증나는 것으로만 생각하지 말고 스스로 자신을 돕고자 하는 긍정적인 의도에서 발생하는 것이라고 생각해보자. 이렇게 생각을 전환하는 것만으로 우리는 긴장감을 더 잘 조절하게 된다.

내 앞에 있는 사람을 온전히 바라보기, 지금의 상황에 감사하기, 나를 사랑하기

마지막에 소개하는 이 방법은 가장 강력한 긴장 완화 방법이다. 긴장을 완화할 뿐만 아니라 타인, 그리고 자기 자신과 깊은 소통의 에너지를 만들어 준다. 필자는 이 방법을 '두려움 없이 말하고 글쓰기' 라는 그룹 코칭 프로그램과 개인 코칭 프로그램에서 실제로 적용해보며 필자 자신을 비롯한 여러 사람들의 변화를 지켜보았다. 이 방법은 꼭 사람을 만나는 상황이 아니더라도 평소에 발생하는 여러 상황에서 긴장이 일어날 때 자기 안에 고요함과 깊이와 에너지의 확장을 일으킬 수 있는 방법이다. 보고 시에 적용할 때에는 다음과 같이 해본다.

1. 보고를 하기 위하여 자리에 앉거나 선 상태에서 내 앞에 있는 사람
   (들)을 어떤 부정적 평가도 없이 있는 그대로 바라본다. 나의 모든
   주의를 내 머릿속의 생각이 아니라 내 앞에 있는 사람에게 쏟으며
   온전히 바라본다.

2. 현재 이와 같은 보고를 할 수 있는 자신의 상황에 감사한다. 이런 기
   회를 준 사람에게 감사한다. 이렇게 건강한 신체와 정신을 가지고
   이런 활동을 할 수 있음에 감사한다.

3. 지금의 내 모습 그대로를 수용하며 '비록 부족한 점이 있지만 나는
   나를 사랑한다' 라고 스스로에게 마음속으로 말해준다. 위 2번의
   '감사합니다' 를 할 때부터 자연스럽게 시작된 깊은 호흡이 편안하
   게 계속 일어날 것이다.

위 1~3번까지의 과정은 길게 할 수도 있고 짧게 할 수도 있다. 보고를
준비하면서 명상을 하듯이 해볼 수도 있고, 보고를 시작하기 전에 몇 초
간 짧게 할 수도 있다. 짧게 하든 길게 하든 효과는 강력하다. 가슴 가득
긴장감이 아니라 충만함이 차오를 것이다. 그 상태에서 보고자는 가장 자
기답게 자신의 생각들을 상사와 소통할 수 있다.

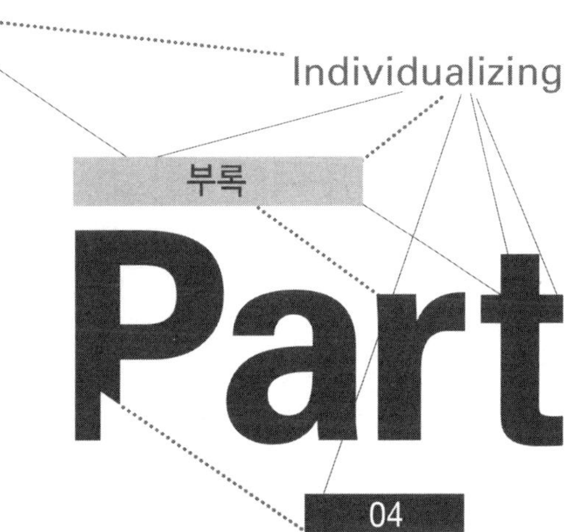
Individualizing
부록
Part
04

상사 성격별 보고 시 유의점

　대기업 기획실에 근무하는 조 대리는 조직 생활 5년 동안 세 명의 상사를 경험했다. 5년간의 경험을 통해서 상사마다 보고를 지시하는 스타일도, 받는 스타일도 다르다는 사실을 깨달았다. 하지만 아직도 상사를 대하는 일은 어렵다. 이번에 새로 온 상사는 수시로 지시 사항이 달라져서 조 대리를 어렵게 한다. 보고 때마다 논의된 내용을 정리하여 전달하지만 상사는 자기가 무슨 지시를 했는지를 생각하지 않는다. 지시에 대해 잊어버린 것인지 아니면 모르는 척 하는 것인지, 아니면 예전에 무슨 말을 했는지가 아예 상관이 없는 것인지 당췌 알 수가 없다. 한 번은 "지난 월요일에는 ~라고 말씀하셨습니다."라고 얘기했더니 불쾌한 기색을 드러냈다. 도대체 어떻게 해야 할지, 또 얼마나 시간이 지나야 적응할 수 있을지 답답하다.

　이러한 상황은 비단 조 대리만의 경험이 아니다. 하지만 이는 어느 한쪽이 일방적으로 잘못된 것이 아니라 각자의 업무 성향이 다르기 때문에 발생하는 문제점이다.

　사례 속의 조 대리의 입장을 정리하면 다음과 같다. "상사의 지시는 일관성이 있어야 한다. 이리저리 바뀌면 도대체 실무자는 어디에 초점을 맞추라는 말인가. 상사는 생각만 바꾸면 되는 일이지만, 실무자는 그 작업을 하느라고 몇 시간이나 불필요한 고생을 한다."

　반면 조 대리의 상사는 이런 입장을 갖고 있다. "나는 호기심이 많은 사람이다. 늘 좀 더 나은 것, 새로운 것에 관심이 간다. 초기의 생각을 그대로 가지고 가는 것은 변화에 적응을 하지 못하는 것이라고 생각한다. 보고 지시 사항에 대해서도 시간이 지나면 당연히 새로운 생각들이 생겨날 수밖에 없다. 그게 당연한 것 아닌가? 더 나은 생각이 났는데 예전에 했던 지시를 고수할 필요는 없지 않은가?"

　이와 같은 차이는 각자의 성격에 영향을 많이 받는다. 어떤 사람에게 일관성 있게 반복되며 나타나는 말과 행동의 패턴을 '성격'이라고 부른다. 성격은 오랜 기간 동안 많은 요소가 복합적으로 작용하여 형성된 것이기 때문에 쉽게 바뀌지 않는다. 오른손잡이는 특별히 의식하지 않으면 자동적으로 오른손을 쓰게 되듯이 성격도 마찬가지다. 자신이 의식적으로 조절하려고 하지 않는 이상 비슷한 상황에서 예전에 했던 행동이 자동적으로 반복된다. 그래서 사람들은 자기가 좋아하는 것에 비해 좋아하지 않는 것에는 집중도가 크게 떨어진다. 물론 의식적으로 집중은 할 수 있다. 하지만 좋아하지 않는 것에 비해 에너지가 많이 든다. 예를 들면 축구를 좋아하지 않는 사람도 45분간 집중해서 경기를 지켜볼 수는 있다. 하지만 자신이 좋아하는 다른 일을 할 때보다는 덜 집중하기 마련이다.

지금부터 커뮤니케이션 측면에서 사람들의 성격을 아홉 가지 유형(본 단원에서 소개되는 상사들의 9가지 유형은 에니어그램 *Enneagram* 에 근거하여 작성됨)으로 분류해서 살펴보겠다. 우선 각 유형의 전반적 성격을 설명하고, 각 유형과 커뮤니케이션을 할 때의 유의점들을 정리했다. 자신의 상사는 어느 유형에 속하는지 살펴보라. 상사의 성격이 여러 유형에 해당된다고 생각되는 경우에는 가장 두드러진 한 유형을 찾아라. 상사의 성격을 파악하면 보고가 훨씬 쉬워진다.

실행 중심의 성향이 강한 상사들

A유형 : 힘을 중시하는 추진력 있는 불도저형 상사

이 유형의 상사는 상대에게 위압감을 줄 정도로 에너지가 강하다. 자신이 상황을 통제하고 싶어하며 나약한 모습을 보이려 하지 않는다. 화가 날 때 거친 언어를 사용하여 상대에게 모욕감을 느끼게 하기도 한다. 세세한 내용에는 신경 쓰지 않으며 결론을 분명히 하고 전체적인 구조를 빨리 파악한다. 일단 결정한 일은 뒤돌아보지 않고 불도저처럼 밀어붙인다. 정서적인 표현, 개인적인 표현을 거의 하지 않고 침묵을 지킬 때가 많은데 그럴 때조차도 강한 존재감이 느껴진다. 외모가 단단한 근육형들이 많다. 나약한 사람들, 변명하는 사람들을 싫어하지만 건강하고 성숙한 단계에 이르면 약자를 보호해주려고 한다. 비난에 민감하고, 화가 나면 잘 조절하지 못하고 격하게 표현하기 쉬우나 대개 뒤끝은 없다.

B유형 : 조화로움을 중시하는 부드러운 상사

이 유형 상사는 사람을 대할 때에 공평하려고 노력한다. 전체의 조화를 중요하게 여겨서 타인의 의견을 잘 들으려 하고 자기 의견을 먼저 피력하는 것을 자제한다. '아, 그렇군요.', '예' 등의 동의하는 표현을 많이 사용한다. 감정, 특히 부정적 감정을 잘 노출하지 않는다. 몸동작은 무거운 편이고 표정이 느긋하고 부드럽다. 의견을 강하게 표명하지 않으나 일단 말하기 시작하면 약간 어눌하고 길게 말해서 상대를 지루하게 할 때가 있다. 다양한 관점 제시로 오히려 상대가 의구심을 가지게 하는 경향이 있다. 감정 표현을 잘 하지 않으나 변화에 대한 압박을 받거나 무시당할 때 아주 드물게 분노가 폭발하기도 한다. 자신의 생각이나 재능을 가진 만큼 표현하지 못하지만, 내적인 자원이 많고 직관이 매우 발달한 상사다.

C유형 : 완벽하고 목표 지향적인 상사

이 유형의 상사는 완벽을 추구한다. 업무 처리가 빠르면서도 빈틈이 없다. 대화 시 자신의 주장을 좀처럼 굽히지 않고 기준과 원칙을 중시한다. 직접적이고 정확하고 구체적으로 말한다. '~을 해야만 한다, 반드시 필요하다, 옳은 말이다, 맞다, 틀렸다, 좋다, 훌륭하다' 와 같은 표현을 자주 사용한다. 생각이 많지만 의사 결정과 실행이 빠르고 완벽한 수준으로 일을 하려고 한다. 최선을 다하지 않는 부하에 대해서 비판이나 지적을 많이 하지만 정작 자기의 어떤 점을 지적당하면 평소와는 다르게 민감하게 반응한다. 평소 단정하고 흐트러진 모습을 잘 보이지 않고 자세나 표정이 긴장되어 있어 화난 듯이 보일 때가 자주 있다. 눈을 뚫어지게 응시하는 편이다.

사람 중심의 성향이 강한 유형의 상사들

D유형 : 따뜻하고 타인을 배려하려는 상사

이 유형의 상사는 사람에 대한 관심이 많다. 부하에게 말을 많이 걸고 칭찬을 자주 한다. 미소를 띤 부드러운 표정일 때가 많고 목소리가 부드럽다. 하지만 마음이 불편할 때에는 그 불편함이 표정에 잘 드러난다. 부하가 힘든 상황에 있는 것을 매우 예민하게 잘 알아차리고 요청하지 않아도 잘 도와준다. 평소에도 자신에 대한 부하들의 반응에 신경을 많이 쓴다. 자기 일보다 다른 사람들에게 중요한 일들을 챙기느라 정작 자기를 챙기는 시간을 잘 내지 못한다. 자신이 바라는 것을 명확히 말하지 않으며, 보고 지시나 보고 후 피드백을 할 때에 완곡한 표현을 많이 쓴다. 일이나 사람에게 쉽게 관심을 보이지만 쉽게 관심을 잃기도 하는 경향이 있다.

E유형 : 효율적이고 성취 지향적인 상사

이 유형의 상사는 매우 효율적으로 일하고 빠른 시간 내에 일을 끝낸다 (다른 사람들이 사흘 이상 걸릴 일을 이 사람은 바로 다음날 아침까지 끝낸다). 종종 일 중독 증상을 보인다. 명확하고 논리적으로 말하려고 하며, 타인의 이야기를 듣기보다 자기 이야기를 하는 것을 좋아한다. 성취와 성공을 매우 중요시하여 경쟁적으로 일하며 자신의 업적을 잘 포장하여 알린다. 논리보다 구체적인 예시를 통한 설명을 좋아한다. 자신감 있고, 힘 있고, 생동감 있는 억양으로 말을 하며 자기에게 도움이 되지 않는 내용이나 사람에게는 관심을 보이지 않고 서둘러 대화를 마치려고 한다. 세련되고 도회적인 이미지의 사람들이 많다.

F유형 : 개성과 독특함, 의미를 중시하는 상사

이 유형의 상사는 조직에서 많이 발견되는 타입은 아니다. 자유롭게 일하고 독특한 사고와 행동을 중요시한다. 자신이 관심을 가지고 의미를 부여하는 일에는 어떤 사람보다 탁월하게 업무 수행을 하지만 의미 부여가 잘 되지 않는 일에는 신속히 반응하지 않고 실행하는 속도도 늦다. 부하들과 일대일로 깊은 소통을 하는 것을 좋아하여 개인적인 질문이나 진지한 질문을 던지는 것을 좋아한다. 대화 시에 '나는', '내 생각은', '나의 경우에는' 등과 같이 일인칭 표현을 많이 쓴다. 평소 가만히 있어도 뭔가 생각에 빠져 있는 듯이 보이고, 촉촉하게 젖어 있는 눈빛이 뭔가 말을 하는 듯이 보인다. 자신만의 개성이 있는 옷차림이나 일의 방식을 좋아하며, 상대방이 자신을 특별한 존재로 대우해주기를 바란다.

사고 중심의 성향이 강한 유형의 상사들

G유형 : 논리와 깊이를 중시하는 상사

이 유형의 상사는 연구소와 기획팀 등에서 비교적 자주 발견된다. 진지하고 논리적이며 분석적이다. 생각이 많고 자신이 잘 알고 있는 분야에 대해서는 아주 길고 세밀하게 이야기를 하지만, 잘 모르는 부분에 대해서는 나서서 말하려 하지 않거나 아주 짧게 이야기한다. 단어 선택과 개념 설명에 신중하여 자기 생각을 정리하고 난 후에 말하기를 좋아하며 말보다 글을 선호한다. 사적인 대화는 즐기지 않지만 업무에 대한 깊은 토론을 즐긴다. 표정, 자세, 어조에서 감정이 거의 표현되지 않고 조용하고 침착해 보인다. 정곡을 찌르는 질문을 잘 던진다. 지식에 대한 갈구가 있어서 한 분야나 주제에 깊이 집중하며, 그 분야의 완벽한 전문가가 되고 싶어 한다.

H유형 : 안전을 중시하는 신중한 상사

이 유형의 상사는 전체 상황을 조망하고 모든 위험 요소들을 고려하여 최악의 시나리오까지를 구상해본 후에 가장 안전한 의사 결정을 내리려고 한다. 비록 어떤 일이 실제로 발생될 확률이 10% 미만이라고 하더라도, '만약 그 일이 발생하면 어떻게 하지?' 라는 질문을 많이 던진다. 이러한 신중한 성격이 간혹 부정적이고 회의적이거나 우유부단한 모습으로 비칠 수 있다. C유형의 상사처럼 평소 상대방을 대담한 시선으로 똑바로 바라보지만, 어조와 느낌이 부드럽고 다정하다. 스트레스 상황에서도 평온해 보이지만 불안감을 느낄 때는 시선이 많이 흔들리고 표정에 고스란히 드러난다. 의사 결정까지의 과정은 오래 걸리지만 일단 결정하고 나면 책임감을 가지고 성실하고 단호하게 실행한다.

I유형 : 변화를 중시하는 호기심 많은 상사

이 유형의 상사는 새로운 것에 관심이 많고 여러 가지 사안을 한꺼번에 다루는 경향이 있다. 집중하지 않는 것 같으면서도 이해가 빠르다. 글로 표현하는 것은 좋아하지 않지만 구두로 표현할 때 언어의 흐름이 논리적이다. 새롭고 흥미로운 일을 시작하기 좋아하고, 끝까지 마무리하거나 단순·반복적인 작업을 하는 것을 싫어한다. 사교적이고 활발하다. 눈빛이 반짝이고 대화를 나누면서도 끊임없이 시선이 움직인다. 밝고 낙천적이며 부정적인 상황에 부딪히는 것을 싫어하며 회피하는 경향이 있다. 부정적인 피드백을 주거나 받는 것도 불편해한다. 말이 매우 빠르고, 이야기 하는 동안에 주제가 자주 바뀐다. 보고 지시를 할 때에도 생각이 자주 바뀐다. 자기가 알고 있는 것 이상을 표현하는 능력이 있다.

각 성격 유형별 보고 시 유의할 점

보고를 받을 때에 모든 상사들이 일반적으로 선호하는 사항들이 있지만, 상사별로 특히 중요하게 여기는 사항들이 있다. 그 부분을 충족시켜 주면 전체 보고의 효과를 높이고 상사와의 좋은 신뢰 관계를 형성할 수 있다. 상사의 성격 유형별 보고 시의 유의점을 살펴보자.

실행 중심의 성향을 가진 A, B, C유형의 상사들

A유형 : 힘을 중시하는 추진력 있는 불도저 형 상사에게 보고 시 유의점

- 에둘러 말하는 것을 싫어하고 진실한 것을 신호히므로 지설적인 표현으로 말한다.
- 성격이 급하므로 결론부터 말한다.
- 논리나 개념보다 실행 중심의 언어로 말한다.
- 강하고 힘 있는 것을 선호하므로, 짧은 문장을 사용하고 단호한 태도로 말한다.
- 상사가 제시하는 의견을 최대한 존중한다.
- 일단 상사의 분노가 나타나면, 논쟁하지 말고 재검토를 하겠다고 하고 그 자리를 물러난다.
- 자기 사람이라고 신뢰하는 경우 전폭적인 지원을 하므로, 상사에 대

한 신뢰를 표현한다. 이 유형의 상사가 평소와 다르게 논리를 따지고 한 사안에 미세하게 집중을 할 때에는 스트레스를 받고 있다는 의미이다. 그럴 때는 상사가 보고의 핵심과 전체 그림을 파악하고 어떻게 실행하면 될지 자기 힘을 신뢰하고 확신을 갖도록 도와야 한다.

B유형 : 조화로움을 중시하는 부드러운 상사에게 보고 시 유의점

- 말이 다소 느리므로 상사의 속도에 맞추어서 조금 천천히 말하도록 한다.
- 이 유형의 상사는 직관이 발달되어 상대의 의도를 잘 알아차린다. 꾸밈없이 진솔하게 대화를 해야 한다.
- 자기 표현이 선명하지 않으므로 구체적인 질문을 통하여 상사의 의도를 파악해야 한다.
- 다양한 관점과 조직 전체의 조화를 중요시하므로, 조직 내 다른 의견들과 보고자의 의견이 어떻게 조화가 되는가를 언급하는 것이 설득에 도움이 된다.
- 생각이 깊고 생각을 표현하는 데에 시간이 많이 걸리는 유형이므로 다그쳐 묻지 않는 것이 좋다. 보고 후 보고 중에 오고간 이야기들을 명확하게 정리하여 확인한다. 이 상사는 말이 어눌할 뿐 아이디어가 없는 것이 아니므로 상사를 존중하는 태도를 견지하며 대화한다.
- 이 유형의 상사가 '알았다' 라고 했다 하더라도 그가 최종 결정을 한 것이 아닐 수 있다. 따라서 그의 최종 결정이 무엇인지 확인한다.
- 중요한 일은 보류하고 다른 일들을 처리하며 바쁜 경향을 보일 수 있으므로 당신이 보고하는 사안이 크고 무거운 사안이 아니라 빨리 결

정할 수 있는 단순한 사안으로 보이게 한다.

- 언어보다 시각적인 표현을 더 잘 이해하므로 개념을 최대한 시각화하여 표현한다.

- 이 유형의 상사가 느긋함을 잃어버리고 불안해하며 여러 가지 최악의 시나리오를 떠올리고 질문을 많이 던진다면 이는 스트레스 상태에 있다는 뜻이다. 이때는 상사가 전체를 조망하며 그의 다양한 관점을 정리할 수 있도록 도와라.

C유형 : 완벽하고 목표 지향적인 상사에게 보고 시 유의점

- 의사 결정이 빠르고 일을 미정 상태로 남겨 놓는 것을 싫어하므로, 빠른 보고를 해야 한다.

- 기준과 원칙이 분명하므로 상사의 보고 지시 의도를 구체적으로 파악하고, 보고의 규정과 틀을 지킨다. 보고 내용에서도 명확한 기준을 제시한다.

- 오탈자가 자동적으로 눈에 들어오므로, 보고서의 세밀한 부분까지도 잘 점검해야 한다.

- 권위와 단정함을 중요하게 여기므로 예의바른 태도로 보고를 하는 것이 좋다.

- 옳지 않은 것, 틀린 것, 원칙을 벗어난 것에 민감하다. 그러한 이슈를 활용하여 상사의 주의를 보고 주제에 집중시킨다.

- 자기 원칙이나 기준에 대한 비판을 받는 것에 매우 민감하게 반응하므로 상사의 의견에 대해서 "그건 옳은 것이 아닙니다.", "잘못 보신 겁니다.", "그것은 원칙에 맞지 않습니다."와 같은 표현을 삼간다.

- 100%의 완성도를 지향하는 상사이므로, 대충 넘어가려는 태도를 보이지 않는다.
- 직설적, 구체적 표현을 좋아하므로, 개념적이거나 완곡한 표현을 가능한 지양한다.
- 생각이 빠르므로 보고자의 말의 속도나 질문 시의 답변도 다소 빠른 것이 좋다.
- 이 유형의 상사가 평소처럼 힘 있게 실행하는 대신에 조용하게 생각에 빠져있을 때에는 스트레스를 많이 받고 있을 때이므로 더욱 위의 기준에 맞추어 보고를 해야 한다.

사람 중심의 성향을 가진 D, E, F유형의 상사들

D유형 : 따뜻하고 타인을 많이 배려하려 하는 상사에게 보고 시 유의점

- 감사 표현을 좋아하므로 보고 준비 시에 상사가 보여준 지원 등에 대해 감사 표현을 하도록 한다.
- 정서적인 교감을 중요하게 여기므로 가벼운 대화를 잠시 나누고 보고를 시작한다.
- 논리적 스타일이 아니므로 상사 의견에 대하여 조목조목 논리적 관계를 캐묻지 않도록 한다.
- 부하가 자신에 대해 호감을 갖는가를 중요하게 여기므로, 부드러운 표정과 목소리로 말한다.
- 타인의 이목을 중시하므로 보고 건에 대한 타인들의 예상 반응을 언급하도록 한다.
- 돕고자 하는 마음이 크므로 보고 건이 타인에게 미치는 중요성을 언

급하도록 한다.

- 직설적으로 말하기를 어려워하므로 이 상사가 "이 정도면 좋은데, 그런데 말이야 ~ 부분을 좀 더 살펴보면 어떨까."라고 말할 때, 절대 보고서가 잘 작성되었다고 생각하면 안 된다.

- 에둘러 말하는 경향이 있으므로, 이 유형의 상사가 "응, 괜찮아. 알아서 해봐."라고 말할 때 구체적인 질문을 던져 그 의도를 파악하는 것이 좋다.

- 대화하고 도와주기를 즐기므로, 자주 중간 보고를 하고 상사의 도움을 요청하도록 한다.

- 이 유형의 상사가 평소와 다르게 엄격해지고 지시적으로 반응을 하면 무척 스트레스를 받고 있는 상태이다. 이를 알아차리고 상사에 대한 배려에 더욱 신경을 쓰도록 한다.

T유형 : 효율적이고 성취 지향적인 상사에게 보고 시 유의점

- 효율성을 중시하므로, 100%의 완성도보다 80%의 완성도를 가진 보고서라도 빠르게 보고한다.

- 보고서 작성 시, 개념적 접근보다 예시를 통한 접근을 한다.

- 유능한 부하들을 선호하므로, 당당하고 자신감 있게 자신의 의견을 표현하도록 한다.

- 성취, 성공을 중시하므로 보고 내용이 팀의 성공(상사의 성공)에 미치는 영향을 언급한다.

- 자신이 성취한 것을 말하기를 좋아하므로, 상사의 업적을 인정하고 두드러지게 표현한다.

- 상대에게 집중하고 싶지 않을 때 노골적으로 집중을 하지 않는 태도를 보이기도 한다. 그런 신호를 보일 때, 주의를 집중시키는 표현이나 흡인력 있는 예시를 사용하도록 한다.
- 자신의 시간을 중요하게 여기므로 사전에 보고 일시를 잘 잡아놓고, 짧게 보고한다.
- 이 유형 상사의 자신만만한 태도가 때로는 거만하고 나를 무시하는 듯이 느껴질 수도 있으나, 그러한 태도에 영향을 받지 않고 자신감 있게 보고하도록 한다. 상사의 실패에 대해서는 언급하지 않도록 한다.
- 이 유형의 상사가 평소와 다르게 중요한 일들을 처리하지 않고 그냥 내버려두고 있을 때에는 심한 스트레스를 받고 있음을 알아차려라. 더욱 빠르고 효율적인 모습으로 대처하도록 한다.

F유형 : 개성과 독특함, 의미를 중시하는 상사에게 보고 시 유의점

- 논리나 격식보다 뭔가 한 가지 독창적이거나 두드러진 보고의 내용이 있어야 한다.
- 보고를 통해서 하고자 하는 일이 '의미' 있는 일이어야 한다.
- 눈을 바라보면서 천천히 오래 대화를 나누는 것을 좋아한다.
- 다급하게 요청을 하면 반응하기 힘들어하므로 시간적 여유를 가지고 보고하도록 한다.
- 자기 세계를 이해 받기 원하므로, 상사의 언어나 표현에 대해서 '도대체 무슨 뜻이지?' 하는 이해할 수 없다는 표정을 짓지 않는다.
- 세부 논리적인 설명을 건너뛰고 추상적이고 개념적인 표현(예: 이번 프로젝트는 정말 큰 강을 건너는 일이군. 다들 정신 차려서 노를 저

어야 해.)을 많이 사용하는데, 그 뜻을 다그쳐서 캐묻지 말고 예를 들어달라고 하거나 천천히 질문하여 명확히 의도 파악을 하도록 한다.

- 상대의 반응에 대하여 속으로 상당히 예민하게 느끼므로 언어 선택과 태도에 유의하여 보고하도록 한다. 특히 거친 표현, 지나치게 현실적인 타협책을 제시하면 거부감을 보일 수 있으므로 유의한다.
- 틀에 맞추려고 하거나 권위로 압박을 가하는 것을 좋아하지 않으므로 자유롭고 편안한 스타일로 보고를 하도록 한다.
- 자신의 가치관에 어긋난 일을 해야 할 때 심한 스트레스를 받거나 의사 결정을 하지 못하므로, 보고 건이 상사의 가치관과 어긋나지 않는 것임을 명확히 설명할 수 있어야 한다.
- 이 유형의 상사가 평소와 다르게 주변의 반응에 눈에 띄게 신경을 쓰고 있을 때에는 스트레스를 받고 있는 상태이다. 그럴 때일수록 보다 독특하고 의미 있으면서도 현실적인 균형을 이루는 보고안을 가지고 상사와 커뮤니케이션을 하도록 노력한다.

사고 중심의 성향을 가진 G, H, I유형의 상사들

G유형 : 논리와 깊이를 중시하는 상사에게 보고 시 유의점

- 논리적이고 간결한 것을 선호하므로, 주제와 상관없는 긴 이야기를 하지 않고 바로 핵심에 들어가도록 한다.
- 공사가 분명하므로 개인적인 것이나 학연, 지연 등으로 설득을 하려 하지 않는다.
- 깊이와 논리를 추구하므로, 많은 사실들을 단편적으로 나열하기보다 그 사실들을 조망하고 평가할 수 있는 인식의 틀을 제시하면서 설명

할 수 있어야 한다.

- 상사의 정곡을 찌르는 질문(특히, '어떻게' 보다는 '왜' 라는 질문에)에 충분한 정보와 근거를 가지고 답변할 수 있도록 준비한다. 상식적인 이야기, 피상적인 이야기를 하지 않도록 한다.

- 자신의 생각을 정리할 시간을 필요로 하므로 상사의 의사 결정을 그 자리에서 다그치지 않는다.

- '무엇을 하자' 를 말하기 전에 '왜 그것을 해야 하는지' 에 대해서 분명하게 논리적으로 설명해야 한다.

- 뭔가 더 정보를 수집하고 분석하고 이해해야 한다고 느끼는 유형의 상사이다. 충분한 자료 제시, 분석 결과, 논리적 증명, 다수의 대안 비교 등이 보고에 포함되어야 한다.

- 말이 길어지면 자르거나, 깐깐하게 따지듯이 말하지만 개인을 공격하는 것이 아니므로 감정적으로 대응하지 않는다. 이 유형의 상사는 일에 초점을 두고 토론을 하고 있을 뿐이다.

- 충분한 생각을 하려는 경향 때문에 의사 결정을 미루는 경향이 있으므로, 상사가 의사 결정을 할 수 있는 충분한 정보와 근거를 제시하여 자주 상사를 만나야 한다.

- 상사의 이론적 논리와 통찰을 존중하고, 정확한 개념 정의, 기존 가정에 대한 의문 제기와 도전을 통하여 상사의 신뢰를 얻도록 한다.

- 이 유형의 상사가 평소와 다르게 한 곳에 집중하지 않고 여러 사안을 동시에 다루며 매듭을 짓지 않는 경우는 스트레스를 받고 있는 것이다. 그럴 경우 더욱 객관적이고 명확한 논리와 자기 소신을 분명히 담아 보고하도록 한다.

H유형 : 안전을 중시하는 신중한 상사에게 보고 시 유의점

- 상사가 예상할 수 있는 모든 시나리오에 답할 수 있어야 한다.
- 상사가 예측하고 있는 많은 위험 요소들에 답할 수 있도록 충분한 근거 자료나 논리적인 설명을 준비하고 있어야 한다.
- 상사의 염려를 존중하고 신중하게 답하여 신뢰를 얻도록 한다.
- 상사의 '만약 ～하면 어떻게 하지' 라는 질문을 부정적 · 회의적 질문이라고 생각하는 대신에, 모든 위험 요소를 배제하고 가장 좋은 결정을 하려는 좋은 질문이라고 생각한다.
- 도입부에서 "～한 기회가 있습니다."라고 제안을 하기보다, "～한 위험이 있습니다. 그 위험을 예방하는, 혹은 제거하는 좋은 방법이 있습니다."라고 제안을 하는 것이 효과적이다.
- 적극적으로 자신의 생각을 말하지는 않지만, 세심하면서도 전체를 조망하는 능력이 뛰어나므로, 적절히 얼버무리며 보고하지 않도록 한다.
- 타인에게 세세하게 지시 · 명령하기보다 자신이 책임지고 일을 해가려는 스타일이므로, 보고자의 역할에 대한 상사의 의도를 명확히 파악하도록 한다.
- 상대방에 대한 믿음과 신뢰를 가지는 데에 시간이 많이 걸리는 유형이므로, 언행에 유의하여 상사의 신뢰를 확보하도록 한다.
- 이 유형의 상사가 평소와 다르게 빨리 결정하고 밀어붙이는 방향으로 나갈 때에는 스트레스를 받고 있는 것이다. 그럴 때일수록 다수의 대안과 위험 요소들을 충분히 검토하여 상사를 안심시킬 수 있는 신중한 안을 마련하여 보고하도록 한다.

|유형 : 변화를 중시하는 호기심 많은 상사에게 보고 시 유의점

- 상사의 어조에 맞추어 쾌활하고 약간 빠른 어조로 말을 한다.
- 본론에 들어가기 전에 흥미로운 이야기부터 시작해서 상사의 주의를 집중시킨다.
- 상사의 주의가 다른 곳으로 흘러가버릴 수 있으므로, 무엇을 논의하고 있었는지 그 부분으로 다시 집중할 수 있도록 앞뒤 맥락을 잘 연결하여 보고한다.
- 이 유형의 상사가 '잘 알고 있다' 라고 말하는 것은 다른 사람의 관점에서 볼 때에는 '어느 정도 알고 있다' 와 같은 의미이므로 탐색 질문을 통해서 상사의 뜻을 잘 확인하도록 한다.
- 이 유형의 상사는 새롭고 흥미로운 프로젝트에 매력을 느낀다. 보고건이 어떤 점에서 새로운 접근이 될 것인지, 또 흥미로운 작업이 될 것인지를 말하여 매력을 느끼도록 한다.
- 직접 대면한 상태에서는 부정적인 피드백을 잘 하지 않으려 하므로, 상사의 피드백을 얻고 싶은 부분에 대해서는 구체적으로 질문을 하도록 한다.
- 지시가 수시로 변경될 수 있으므로 수시로 상사 의도를 확인하며 보고 준비를 하도록 한다.
- 함께 대화하며 아이디어를 발전시키는 것을 좋아하므로 같이 대화하는 시간을 자주 갖는다.
- 서면으로 생각을 전달하는 것을 좋아하지 않고, 세밀하게 구조화하는 것이 약하다. 상사의 의견을 잘 정리하는 작업을 돕도록 한다. 이 유형의 상사는 자기와 유사한 스타일의 부하를 선호하기는 하지만,

자신이 말한 바를 잘 구조화하여 정리하는 부하의 능력을 신뢰한다.

- 이 유형의 상사가 꼬치꼬치 따지는 모습을 보이면 스트레스를 받고 있는 것이므로 부정적 정보의 전달을 삼간다. 더 많이 경청하고 한 가지 사안에 집중하도록 돕고, 밝은 분위기를 유도하도록 한다.

성격 유형 정보를 활용할 때의 유의점

1. '내 상사는 딱 저런 사람이고 딱 저런 문제가 있어.' 라고 100% 단정하지 않는 것이 좋다. 단점만이 아니라 장점까지 함께 살펴서 그 유형이 가진 특성을 객관적으로 바라보는 것이 상사와의 관계 형성과 커뮤니케이션에 도움이 된다.

2. 어떤 사람이든 계속 성장함을 기억한다. 사람이 가진 성격의 본질이 바뀌지는 않지만 자신의 노력 여하에 따라서 삶의 여러 장면에서 적절한 수준으로 조절할 수 있도록 성장이 일어난다. 예를 들면 자신의 원칙과 기준이 강해서 잘 경청을 하지 못하는 유형 C의 상사도 성숙해지면 타인의 이야기를 잘 경청하고 공감한다. 어떤 유형의 상사든 이렇게 계속 성장한다는 사실을 이해하지 못하고 선입견을 가지고 그 사람을 바라보는 것은 위험하다. 특히 관계를 형성하고 커뮤니케이션을 할 때 장애가 된다.

3. 위의 9가지 성격 유형은 보고자 자신에게도 적용할 수 있다. 자기 유형을 파악해보라. 자기 유형을 파악하면 자신의 특성으로 인해 타인

과 갈등을 빚거나 오해를 일으키는 부분을 감소시킬 수 있다. 예를 들면 평소 신속하고 효율적으로 일하지 않는 이들을 보면 답답하고 신뢰할 수가 없었는데, 내가 E유형이라는 것을 알게 될 수 있다. 지금까지의 답답함이 내가 유난히 효율성을 중시하고 그 부분의 능력이 발달된 사람이기 때문에 생겼음을 알게 되어 타인들에게 좀 더 여유로워질 수 있다. 또 평소 막무가내로 나를 통제하려 하고, 불도 저처럼 밀어붙이는 성격의 상사에게 압박감을 느끼며 불편했는데 내가 F유형이라는 것을 알게 될 수 있다. 그러면 나의 성격이 유난히 그러한 스타일의 상사를 힘들어했음을 알아차리고 의식적으로 조절할 수 있게 된다. 나 하나만 변화해도 세상은 많이 달라진다.

CHAPTER 02

1page 보고서와 이메일 보고서

최근 보고 과정의 효율성을 중시하는 회사가 많아지고 있다. 이러한 회사들의 특징은 보고서 없는 보고를 하게 하기너, 1장에서 3장 정도로만 보고를 하게 하는 것이다. 또 간단한 보고인 경우는 굳이 만날 필요 없이 간단한 이메일로 대신하게 한다. 보고서를 작성하고 다듬는 데 시간을 쓰지 말고 보고 내용에 대해서 더 깊이 고민하라는 취지다. 혹은 보고자의 생각이 명확해졌다면 글로 옮기는데 필요 없는 시간을 쓰지 말자는 의도이다. 대신 상사와 빠르게 협의하여 아이디어를 발전시키거나 신속하게 실행할 수 있도록 하자는 것이다.

짧은 보고서는 보고자로 하여금 자신의 생각을 더 명쾌하게 정리할 수 있게 한다. 또 상사가 보고의 핵심을 파악하기에도 좋다. 보고자가 얼마나 자신의 생각을 잘 정리하고 있는가를 알기 위해 어떤 경우에는 보고서가 준비되어 있다고 하더라도 간략하게 구두 보고를 해달라고 요청하는 상사도 있다.

이번 장에서는 이렇게 효율성을 중시하는 보고를 할 때 많이 사용되는 '1page 보고서 작성'과 '이메일 보고'에 대해 알아보자.

1page 보고서

한 장으로 보고서를 작성하는 것은 '보고서 없이 하는 구두 보고'는 물론 '보고서로 하는 보고'에서도 도움이 된다. '보고서 없이 하는 보고'에서는 보고자가 사전에 자신의 생각을 정리하는 좋은 준비 작업이 된다. '보고서로 보고를 하는 경우'에는 한 장 보고서가 상호 간의 명확한 커뮤니케이션을 도와주는 효과적인 보고 도구가 된다. 필요할 경우를 대비하여 약간의 첨부 자료만 준비하면 더 좋다. 다만 한 장 보고서는 내용을 간결하게 정리하는 작업 중에 의미가 명확하게 전달되지 못하는 경우가 발생될 수 있으므로 작성 시 주의가 필요하다.

1page 보고서 작성 방법

1page 보고서를 작성하는 정해진 양식은 없다. 상사에게 보고 내용을 가장 효과적으로 전달할 수 있는 양식을 개발해서 사용하면 된다. 회사별로 혹은 팀 별로 지정하는 양식이 있는 경우에는 그 양식을 따르면 된다. 이럴 경우 상사가 자신이 알아보기 쉬운 양식을 제시하는 것이기 때문이다. 하지만 양식이 제시되는 경우에도 특정 주제에 따라 그 양식이 잘 맞지 않는 때가 있다. 그런 경우 당연히 보고 내용에 적절한 양식으로

변형을 시켜야 한다. 어떤 양식을 개발하든 양식 개발에서 가장 중요한 기준은 상사가 보고 내용을 한 눈에 이해하기 쉬워야 한다는 것이다.

정해진 양식이 없는 경우, 가장 쉽고 효과적으로 한 장 보고서를 작성하는 방법은 앞에서 학습한 피라미드 구조와 Opening-Body-Closing 패턴을 활용하는 것이다. 1page 보고서도 보고를 준비하는 전체 프로세스는 보고서의 양이 줄어든다는 차이가 있을 뿐, 이 책에서 살펴본 보고 준비의 과정과 다를 바가 없다. 피라미드 구조와 Opening-Body-Closing 패턴을 활용하여 한 장 보고서를 작성하는 방법은 다음과 같다.

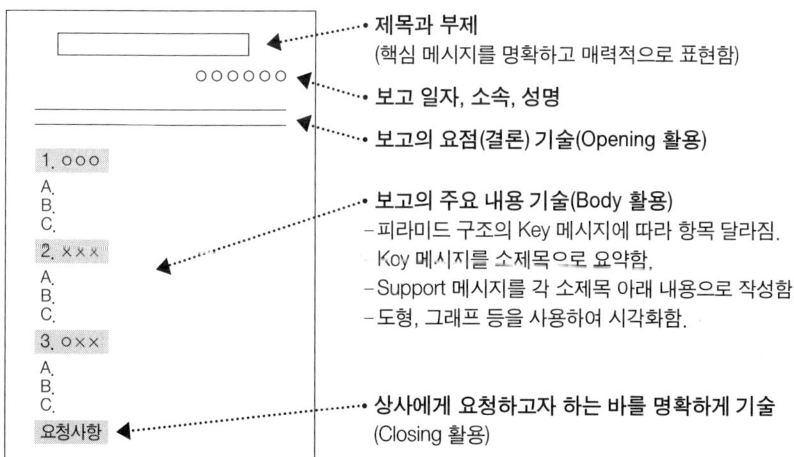

세로로 작성할 수도 있고 가로로 작성할 수도 있다. 보고서의 제목은 피라미드 구조의 핵심 메시지(Core Message)를 명확하고 매력적으로 표현하도록 한다. 핵심 메시지가 긴 경우는 제목으로 전환했을 경우 한 눈에 들어오지 않는다. 따라서 부제를 활용하여 제목을 두 줄로 작성하면 효과적이다. 예를 들어서 '직무 역량 향상 과정의 현업 만족도를 제고하기 위해서 선임 사원들을 강사로 활용해야 한다.' 가 핵심 메시지였던 경우 다음과 같이 제목과 부제를 만들 수 있다.

- 제목 : 직무 역량 향상 과정의 현업 만족도 제고 방안
- 부제 : 선임 사원의 강사 요원화

제목 만들기에서 중요한 것은 제목만으로도 상사가 보고의 핵심을 한눈에 파악하게 해야 한다는 것이다. 물론 한 장 보고서 자체가 내용을 빨리 파악하기 좋은 장점이 있다. 하지만 모든 보고자들이 다 한 장으로 보고서를 제출한다고 가정할 때, 그 많은 보고서 중에서 나의 보고서가 눈에 띄도록 하려면 무엇보다 제목에서 상사의 주의를 끌어야 한다. 단순히 톡톡 튀는 제목이 아니라, 상사의 관심과 연결되는 명확한 메시지가 담긴 제목이어야 한다.

제목 아래에는 보고 일자와 소속 성명을 오른쪽으로 붙여서 작성을 한다. 글자의 크기는 제목과 본문보다 작은 크기를 사용하도록 한다. 그런 다음 1~2줄 정도로 보고의 요점을 기술하는데, 이 내용은 OBC 패턴의 Opening 단계의 내용을 활용하여 작성한다. 여기서는 구두로 Opening을 할 때의 모든 내용을 작성하는 것은 아니다. 그러면 글이 너무 길어져서 간결성이 떨어진다. 예를 들면 '직무 역량 향상 교육 과정의 부진한 현업 적용도(2.7)와 참가율(계획대비 38%)을 제고하기 위해 선임 사원의 강사 요원화를 추진하고자 함.' 처럼 보고 전체의 핵심을 보다 명확히 기술하는 것이다. 제목보다 한 단계 더 깊은 수준으로 작성한다.

보고의 Body 단계에 해당되는 내용, 즉 피라미드 구조의 Key Message

들이 그 다음 내용으로 작성된다. 피라미드 구조를 만들면서 사용했던 논리 얼개들을 제목으로 만들고, Key Message와 Support Message를 각각의 제목 아래 내용으로 작성한다. 숫자, 도형, 밑줄, 글머리표, 적절한 공간 두기 등을 활용해서 가독성을 높이도록 한다.

<table>
<tr>
<td rowspan="3">제안
배경</td>
<td>
• 자사 직무 역량 향상 교육 과정의 현업 적용도가 낮음
(08년 3월 현업 설문 조사 결과 2.7/5.0, ※ 타사 평균: 3.5/5.0)
• 그 원인으로 강사의 실무 경험 부족, 이론 위주의 강의식 교육, 진부한 수업 내용이 지적됨(08년 3월 현업 설문 조사 결과)
• 외부 전문 강사 중에서 자사에 대한 이해와 실무 경험을 갖춘 강사를 확보하기가 어려움
</td>
</tr>
</table>

제안 내용 & 추진 절차	• 직무 역량을 갖춘 선임 사원을 강사 요원으로 양성하여 하반기 과정부터 투입함		
	강사 요원 대상자 선발 >	강사 요원 양성 과정 실시 >	투입 및 평가 후 보완 >
	• 아래 기준 충족자 중 리더의 추천 – 해당 직무 3년 이상 – 인사고과 A 이상 – 커뮤니케이션 능력 '상' 이상	• 강사 양성 과정 실시 – 총 2차, 차수당 5일 출퇴근 교육 – 차수당 10명 • 차수당 비용 : X원	• 08년 7월 과정부터 적용 • 적용 전 후의 효과 비교 • 우수 강사에게 포상 실시

<table>
<tr>
<td rowspan="3">기대
효과</td>
<td>
• 자사에 맞는 경험과 이론에 바탕을 둔 체감도 높은 맞춤식 현장 중심 교육 가능
→현업 적용도 향상(2.7점→4.0점)
• 선임 사원의 자기 계발 지원 효과(강의 준비를 통한 자기 지식의 체계적 정리, 강의 경험을 통한 자신감, 인정과 보람)
• 교육 비용 절감(09년부터 매년 ××××원 절감)
</td>
</tr>
</table>

마지막으로 Closing 단계를 활용해서 최종 마무리를 하면서 상사에게 요청하고자 했던 바를 명확히 기술한다. 상사로 하여금 이 보고에 대해서 자신이 해야 할 행동이 무엇인가를 알게 하는 것이다.

한 장 보고서를 작성할 때 가장 자주 나타나는 문제점은 보고자가 많은 내용을 좁은 공간에 밀어 넣으려고 한다는 것이다. 모든 것을 말하려고 하지 않는 것이 중요하다. 꼭 말할 내용만 작성하도록 한다. 한 장으로 보

고서를 작성하라고 하는 상사의 의도는 핵심만 보고해 달라는 것이다. 그 핵심을 구두 설명 없이도 명확히 눈으로 파악할 수 있도록 작성하는 것이 한 장 보고서의 핵심이다. 다음의 예시를 참고하자.

직무 역량 향상 교육 과정의 현업 적용도 제고 방안
－선임 사원의 강사 요원화－

2008. 4. 6. 기안자:○○○

직무 역량 향상 교육 과정의 부진한 현업 적용도(2.7)와 참가율(계획대비 38%)을 제고하기 위하여 '선임 사원의 강사 요원화'를 추진하고자 함.

제안 배경	• 자사 직무 역량 향상 교육 과정의 현업 적용도가 낮음 (08년 3월 현업 설문 조사 결과 2.7/5.0, ※ 타사 평균: 3.5/5.0) • 그 원인으로 강사의 실무 경험 부족, 이론 위주의 강의식 교육, 진부한 수업 내용이 지적됨(08년 3월 현업 설문조사 결과) • 외부 전문 강사 중에서 자사에 대한 이해와 실무 경험을 갖춘 강사를 확보하기가 어려움.

제안 내용 & 추진 절차

• 직무 역량을 갖춘 선임 사원을 강사 요원으로 양성하여 하반기 과정부터 투입함

강사 요원 대상자 선발 〉	강사 요원 양성 과정 실시 〉	투입 및 평가 후 보완 〉
• 아래 기준 충족자 중 리더의 추천 －해당 직무 3년 이상 －인사고과 A 이상 －커뮤니케이션 능력 '상' 이상	• 강사 양성 과정 실시 －총 2차, 차수당 5일 출퇴근 교육 －차수당 10명 • 차수당 비용 : X원	• 08년 7월 과정부터 적용 • 적용 전후의 효과 비교 • 우수 강사에게 포상 실시

기대 효과	• 자사에 맞는 경험과 이론에 바탕을 둔 체감도 높은 맞춤식 현장 중심 교육 가능 →현업 적용도 향상(2.7점→4.0점) • 선임사원의 자기 계발 지원 효과(강의 준비를 통한 자기 지식의 체계적 정리, 강의 경험을 통한 자신감, 인정과 보람) • 교육 비용 절감(09년부터 매년 ××××원 절감)

요청 사항	• 선임 사원 강사 요원화를 통한 직무 역량 향상 과정 현업 적용도 제고 방안에 대한 승인 요청(강사 양성 과정 실시안은 2차 보고 예정)

※ 별첨: 08년 3월 현업 설문 조사 결과, 타사 직무 역량 향상 과정 운영 실태 조사 결과

이메일 보고서

이번에는 '이메일 보고'의 경우를 알아보자. 지금부터 설명하는 '이메일 보고'란 편지쓰기 화면에서 바로 작성해서 보내고 따로 구두 보고를 하지 않는 경우를 의미한다. 물론 때때로 이메일로도 긴 보고서를 첨부 파일로 넣어 보내기도 한다. 하지만 대개의 이메일 보고에서 얻고자 하는 점은 상사가 원하는 시간에 보고 내용을 편안하게 확인할 수 있고, 상사와 근무지가 다른 경우에 멀리 오가는 시간을 줄일 수 있고, 여러 명에게 동시에 보낼 수 있고, 문서 작성에 기울여야 하는 노력을 절감할 수 있고, 문서가 오고 간 기록을 남길 수 있다는 것이다.

그런데 이메일 보고는 여러 가지 장점에도 불구하고 그 특성상 전달력 높은 보고를 하기가 힘이 들어 많은 주의가 요구된다. 우선 파워포인트나 워드로 작성하는 경우에 비하여 시각적 효과가 떨어진다. 따라서 스크롤바를 두 번 이상 누르지 않아도 내용 전문이 확인이 될 정도로 간결한 것이 좋다. 만약 불가피하게 길어질 경우는 문서로 작성해서 파일로 첨부해야 한다. 이럴 경우 상사가 첨부 파일 확인을 늦게 하거나 첨부 파일이 열리지 않는 경우가 발생되기도 한다. 최대한 효율적으로 이메일 보고서를 작성하는 방법에 대해 알아보자.

이메일 보고서 작성 방법

이메일 보고서는 텍스트 중심으로 작성이 되고, 대면 상태에서 보고가 진행되지 않는다. 이러한 특성상 가독성이 떨어지면서 전달력도 많이 떨어진다는 문제가 있다. 보고자 입장에서는 명확하게 문장을 작성했다 하더라도 해독 과정에서 오해가 많이 생기는 것이다. 따라서 이메일 보고서를 작성할 때는 중요한 부분이 잘 부각될 수 있도록 다음과 같은 방법을 사용하면 좋다.

- 명확하고 눈에 잘 띄는 제목을 붙인다. 매일 수십 개의 이메일을 받는 상사들의 경우 눈에 띄는 제목부터 먼저 열어보기가 쉽다. 가끔 제목을 누락하거나 애매한 제목을 붙여서 스팸 메일인 줄 알고 삭제하는 경우도 생긴다.
- 중요한 보고인 경우에는 제목 앞에 '긴급 회신 요청', '긴급' 등과 같은 내용을 넣어서 상사가 빨리 확인을 하도록 한다.
- 주요 내용은 번호를 붙이면서 작성한다.
- 주요 내용 간에 구분이 명확하도록 1~2줄 정도의 여백을 둔다.
- 특히 강조할 내용의 가시성을 높인다. 글자를 두껍게 하기, 색깔을 달리 하기, 밑줄 긋기 등의 방법이 있다.
- 주요 내용을 기술하기 전, 혹은 마지막 부분에 '언제까지 어떻게 회신을 해달라.'는 메시지를 넣도록 한다(보고 내용이 길 때에는, 주요 내용을 기술하기 전에 넣는 것이 좋다).
- 가능한 짧게 작성을 해서 메일을 열었을 때 스크롤바를 내리지 않더라도 주요 내용이 한 눈에 들어오도록 한다.

기타 이메일 보고에서 유의할 점은 다음과 같다.

- 상사가 이메일 보고를 선호하지 않고 직접 말로 하는 것을 선호하는

경우가 있다. 이때는 간단한 보고를 할 때 이메일을 사용하기보다 전화나 대면 보고를 하도록 한다. 이메일을 보낸 경우도 전화를 해서 구두 설명을 추가하도록 한다.

- 이메일 발송 후에는 수신 확인을 한다. 긴급한 이메일은 이메일 발송 후 내용 확인을 해달라는 전화를 해두는 것이 좋다.

- 어려운 요청을 하는 경우에는 이메일을 보내기 전에 '어떤 건으로 무엇을 요청하는 자료를 보내겠다.'는 양해를 구한 후 이메일을 발송하는 것이 상대에게 더 큰 영향을 미친다.

- 보내지 않아야 할 대상에게 전송이 되거나, 보내야 할 대상을 누락할 수 있으므로 수신자 리스트를 잘 점검한다.

- 수신자로 넣어야 할 사람을 참조자로 넣지 않도록 유의한다. 참조자들은 이메일에서 요청하는 내용을 중요하게 처리하지 않는다. 정말 그냥 참조만 한다.

- 중요한 요청 사항은 참조자를 잘 설정(관련 조직의 임원이나 CEO 등)하여 수신자들이 이메일로 요청된 내용의 중요성을 느끼도록 한다.

- 특정인에게 답장을 하다가 전체 답장을 보낼 수 있으므로 유의한다.

- 공식적인 보고에서는 이모티콘이나 인터넷 용어를 사용하지 않는다. 대부분의 상사들은 이모티콘이나 인터넷 용어가 사용된 문서를 예의가 없다고 생각한다.

- 보고의 내용이 긴 경우는 이메일 화면으로 작성하기보다 문서 작성을 해서 첨부를 하는 것이 좋으며, 첨부를 하는 경우에도 주요 내용(보고의 핵심, 보고 목적, 요청 사항)은 이메일 화면에 써 놓도록 한다.

• 첨부 파일을 넣는 경우에는 첨부 파일의 내용이 무엇인지 이메일 화면에 간략히 설명해 놓는다.

지금까지 1page 보고서와 이메일 보고에 대해서 살펴보았다. 비록 보고서 작성이나 보고의 형태가 달라진다고 하더라도 보고의 본질이 달라지는 것은 아니다. 또한 앞으로도 다양한 보고의 방식이나 새로운 도구들이 나타날 수 있다. 그 경우 어떻게 하는 것이 효과적인가 하는 것은 보고의 본질이 무엇인가 하는 데에서 그 답을 찾아야 할 것이다.

CHAPTER 03

체크리스트

보고를 많이 해서 익숙해진 사람은 물론 그렇지 않은 사람들조차 자신의 머릿속에 보고 준비 과정이 나 정리되어 있다고 자신하기 쉽다. 하지만 사람이므로 여러 가지 요소를 한꺼번에 생각하다 보면 빠뜨리는 것이 생기기 쉽다. 혹은 준비가 덜 되어 있다는 느낌은 들지만 무슨 준비를 더 해야 하는지 파악하기 어려운 경우도 있다. 이럴 경우 체크리스트를 만들어 점검하면 효과적이다. 특히 보고일수록 체크리스트를 활용하는 습관을 들이도록 하자. 이 장에서는 보고 직전 및 보고를 마친 후에 확인해야 할 사항들, 여러 사람을 대상으로 보고할 때 확인해야 할 사항들을 정리해 놓았다. 정리된 내용 외에도 중요하다고 생각되거나 자주 놓치는 사항들을 포함시켜서 자신만의 체크리스트를 만들어서 활용해보자. 보고자들이 체크리스트를 활용하면 얻을 수 있는 효과는 다음과 같다.

• 짧은 시간 내에 효과적으로 점검할 수 있다.

• 중요한 것들을 빠뜨리지 않을 수 있다.

• 지속적으로 활용하면 보고와 관련된 강약점 진단의 도구가 된다.

보고 직전 checklist

1. 왜 이 보고를 하고자 하는지가 스스로 분명한가? ☐

2. 이 보고의 중요성에 대해서 스스로 확신하는가? ☐

3. 보고의 핵심을 한 문장으로 말할 수 있는가? ☐

4. 보고의 핵심을 설득력 있게 전달하기 위한 세 가지 주요 내용들이 무엇인지 말할 수 있는가? ☐

5. 보고를 통해서 상사에게서 얻어 내고자 하는 바가 분명한가? ☐

6. 보고 자료 없이도 구두로 설명이 가능할 정도로 내용을 소화하고 있는가? ☐

7. 보고를 시작할 때 무슨 말로 시작할지가 준비되어 있는가? ☐

8. 보고서 각 페이지 별로 어떤 점에 초점을 맞추어 설명할 것인가가 분명한가? ☐

9. 보고 시간이 갑자기 단축될 경우, 어디를 생략하고 어디를 강조할지가 분명한가? ☐

10. 상사가 던질 주요 질문과 질문 각각에 대한 답변이 준비되어 있는가? ☐

11. 보고를 마치면서 상사에게 무엇을 요청할 것인가를 명확히 하였는가? ☐

12. 보고 자료를 출력해놓았는가? ☐

13. 이번 보고가 잘 될 것 같다는 느낌이 드는가? ☐

여러 사람을 대상으로 할 때 checklist

① 보고 장소를 확인하였는가? ☐

② 보고에 필요한 장비들을 점검하였는가? ☐

③ 보고 참석자들에게 사내 메신저나 문자 메시지 등으로 보 ☐
고 시간을 다시 알렸는가? (핵심 인물에게는 직접 전화)

④ 참가자들에게 나누어줄 자료들을 출력하였는가? ☐

⑤ 한정된 시간 내에 보고가 가능하도록 시간을 측정하며 소 ☐
리 내어 연습해보았는가?

⑥ 보고 장소에서 실제 동선을 고려하며 일어선 자세에서 실 ☐
제처럼 연습을 해보았는가?

⑦ 말할 내용을 잊어버릴 경우를 대비하여 메모지를 준비하였 ☐
는가?

보고 직후 checklist

① 나는 이번 보고 준비와 보고 실행 과정에서 무엇을 새롭게 ☐
배웠는가?

② 내가 이번 보고에서 잘한 점은 무엇인가? ☐

③ 내가 부족했거나 다음 보고 시에는 이번과 다르게 개선하 ☐
면 좋을 점은 무엇인가?

④ 상사가 보고의 어느 부분에서 어떤 반응을 보였는가? 왜 그 ☐
런 반응이 나타났는가? (여러 명을 대상으로 보고를 한 경우는
각자의 특성에 대해서 생각해본다.)

⑤ 보고 중 약속한 사항들에 대해서 사후 조치를 신속하게 하 ☐
였는가?

다시 '보고'를 생각하며

책을 마무리하며 '보고의 본질은 무엇인가' 그리고 '탁월한 보고자란 어떤 사람인가'를 다시 생각해봅니다. 보고는 설득이고, 소통이며, 자기 브랜딩이고, 보고(寶庫)입니다. 보고의 본질을 이렇게 정의하는 바탕에는 보고가 보고자뿐 아니라 상사와 조직에 매우 중요한 일이라는 사실이 깔려 있습니다. 보고를 잘 하기 위해서는 보고의 중요성을 잊지 않고 철저히 준비해야 합니다. 또 조직에서 수행하는 보고라는 행위가 보고 그 자체로 중요한 것이 아니라 '나와 조직의 성과'를 만들기 위한 도구라는 점 또한 잊지 말아야 합니다.

우리는 일을 시작하기에 앞서 계획을 보고하고, 일의 중간에 진행 경과를 보고하며, 일을 마치면 최종 산출물에 대해 보고합니다. 최선의 성과를 내기 위하여 보고를 하는 것입니다. 많은 조직에서 이 단순하고 자명한

명제가 자주 잊혀지거나 무시됩니다. 며칠, 심지어 몇 주 동안 애써 만든 보고서가 보고가 끝나면 서랍 속에 묻혀버립니다. 보고 내용의 실행 성과가 아닌 단순한 보고 능력으로 사람이 평가되는 경우도 종종 일어납니다. 이러한 보고는 무익함을 넘어 폐해를 일으킵니다. 보고가 단순한 문서 작업이라거나, 지식의 과시이며, 보고의 성패는 언변이 좌우한다는 잘못된 인식이 사람들에게 퍼집니다. 개인과 조직의 에너지가 성과가 아닌 문서 작업에 치중되고 실행과 성과가 인정받지 못하며 조직은 죽어갑니다.

당신은 자신이 지식근로자로서 탁월한 보고자가 되기를 '진심으로' 바랍니까? 탁월한 보고자가 되기 위해서는 무엇보다 탁월한 보고자가 되고 싶은 열망이 있어야 합니다. 그러한 열망은 일상의 활동과 업무 행동을 통해 드러납니다. 우리가 인터뷰했던 대기업 연구소의 한 팀장은 이런 이야기를 했습니다. 그는 어느 날 엘리베이터를 기다리다가 한 임원과 마주쳤습니다. 임원은 그에게 "요즘 일은 어떤가?"라고 가볍게 인사를 건넸습니다. 그가 하고 있던 일들을 이것저것 말하는 사이에 엘리베이터가 왔고 임원은 "수고가 많군."하고는 자리를 떠났습니다. 그는 자기 자신이 그렇게 멍청하게 느껴졌을 수가 없었다고 말했습니다. 그가 책임지고 있는 팀의 현안을 명료하게 말하여 경영진으로부터 필요한 관심과 지지를 얻고 자기가 어떤 사람인지를 자연스럽게 알릴 수 있는 기회를 놓쳤기 때문입니다. 그 후 그는 자신이 수행하는 일을 누구에게든 언제나 명료하게 말할 수 있는 훈련을 스스로 하고 있다고 했습니다.

그냥 지나칠 수 있는 경험으로부터 배우고 자기 훈련을 시작한 그 팀장의 모습에서 우리는 탁월한 보고자가 되고 싶어 하는 열망을 발견할 수 있습니다. 당신도 이러한 열망이 있다면 이 책에서 소개된 프로세스대로

끝맺으며

생각을 정리하고 주요 이해관계자들과 소통을 해보십시오. 당신의 보고는 반드시 성과에 기여하게 될 것입니다.

이 책은 역량개발연구소를 운영하는 우리들의 첫 책입니다. 한 권의 책을 세상에 내놓는다는 것이 이렇게 기쁘고 감사한 일임을 처음 경험하고 있습니다. 우리가 가진 지식과 경험을 글로 정리함으로써 우리가 무엇을 알고, 무엇을 모르는가를 보다 분명히 알게 되었습니다. 자기 내면의 자원과 미개발된 가능성들을 발견하는 것은 기쁜 일이었습니다. 무엇보다 이 한 권의 책을 완성할 수 있도록 우리를 성장하게 한 많은 상사, 선배, 동료, 후배, 고객들, 그리고 이러한 책이 필요하다고 마음으로 말해준 미래의 독자들에게 감사드립니다. 그리고 우리 이야기의 가치를 공명하여 한 권의 책으로 태어나게 도와주신 한언출판사에 진심으로 감사드립니다.

〈보고서 작성과 프레젠테이션 스킬〉

자료를 작성하여 1대1로 보고하거나 다수의 청중을 대상으로 프레젠테이션을 하는 방법을 이론과 실습을 통해 배우는 과정입니다. 의뢰하는 각 개인이나 회사의 요구에 따라 학습의 범위와 난이도를 조절하여 맞춤식 프로그램으로 운영합니다.

1. 학습 목표
- E.C.O.R. 분석과 피라미드를 활용하여 보고서를 효과적으로 작성할 수 있다.
- Opening – Body – Closing 패턴을 활용하여 흡인력 있는 흐름을 구조화할 수 있다.
- 자신의 비즈니스 커뮤니케이션 특성을 파악하고 지속적인 자기 학습을 할 수 있다.

2. 학습 내용
- 비즈니스 커뮤니케이션의 기본
- 말하고자 하는 바를 구조화하는 스킬
- 구조화한 내용을 흡인력 있게 전달하는 스킬
- 전체 프로세스와 도구들의 실습 및 피드백

3. 학습 대상
- 보고와 프레젠테이션 스킬을 필요로 하는 모든 직장인 및 기업

4. 시간 / 인원
- 기본 – 8시간 : 다수(30명 전후) 대상으로 기본 프로세스와 도구를 학습하는 과정
- 심화 – 16시간 : 소수(15명 이하) 대상으로 코칭 방식으로 학습을 진행하는 과정

5. 특징

- 보고와 프레젠테이션의 실제 수행 과정을 따라 학습해서 현장 적용이 용이함
- 커뮤니케이션 이론만이 아니라 실제적인 적용 도구들을 학습함
- 전체 학습내용의 실습을 통하여 개인의 강·약점 파악을 지원함

6. 문의처

- 역량개발연구소 (http://www.igniteu.co.kr)
- 정은실 (mydream@igniteu.co.kr), 010-8491-0613
- 최학수 (yourdream@igniteu.co.kr), 010-6410-1283

〈두려움 없이 말하고 글쓰기 코칭〉

보고, 프레젠테이션, 강의, 강연 등의 상황에서 일어나는 불안감을 조절하여, 자기다운 모습으로 자유롭고 흡인력 있게 말할 수 있도록 돕는 그룹 코칭 프로그램입니다.

1. 학습 목표

- 자신이 가지고 있는 발표 불안의 원인과 그 조절 방법을 안다.
- 자신에게 맞는 커뮤니케이션 방법을 파악하고 체화한다.
- 어떤 사람과 상황 앞에서도 편안하고 자기답게 말할 수 있다.

2. 학습 내용

- 자신의 커뮤니케이션(말하기, 글쓰기) 스타일 파악(다양한 심리검사들 활용)
- 불안을 조절하는 여러 가지 방법들 연습
- 생각을 정리하고 전달하는 도구들 학습
- 개인 실습과 코칭(실전 보고, 프레젠테이션, 강의, 강연 등의 코칭)

3. 학습 대상

- 사람들 앞에서 말을 할 때의 두려움이나 긴장을 해소하고 싶은 분
- 말을 할 때의 자기 이미지를 개선하고 싶은 분
- 간결 명료한 보고서 작성법을 배우고 싶은 분
- 더 효과적인 프레젠테이션 기법을 훈련하고 싶은 분

4. 시간 / 인원

- 집중 코스 – 30시간 / 6 ~ 12명
- 주간 코스 – 3시간 10회 / 6 ~ 12명

5. 특징

- 소수 대상으로 밀도 깊은 강의와 코칭을 병행함
- 불안과 긴장을 다루는 구체적인 도구들을 제공함
- 자신의 말하기와 글쓰기의 패턴을 파악하고 그것을 다루는 법 코칭

6. 문의처

- 역량개발연구소 (http://www.igniteu.co.kr)
- 정은실 (mydream@igniteu.co.kr), 010 – 8491 – 0613
- 최학수 (yourdream@igniteu.co.kr), 010 – 6410 – 1283

저자소개 »

정은실　역량개발연구소 공동대표 (http://www.igniteu.co.kr)

서강대학교에서 영어영문학과 경영학을 전공했다. LG CNS 교육팀과 인사팀에서 12년 동안 보고를 하고 보고를 받았다. 개인의 변화와 성장에 대한 해법을 찾아 35세에 일을 접고 상담심리학 공부를 시작했다. 조직 속의 개인에게 관심을 가지고 현재 가톨릭대학교에서 조직심리학 박사과정을 밟고 있다. 대학에서 '조직개발론', '코칭의 기법과 실제', '직업 스트레스 상담', '산업심리학'을, 여러 기업체에서 자기발견과 성장, 사람 간의 소통, 조직과 개인의 성장에 초점을 맞추어 '리더십과 코칭', '프레젠테이션 기법', '커뮤니케이션' 등을 강의하고 있다. 에니어그램, NLP, 현실요법을 토대로 한 100일간의 자기변화 프로그램 '씨앗에서 숲으로', '두려움 없이 말하고 글쓰기' 등의 그룹 코칭 프로그램과 임원 커뮤니케이션 코칭을 통해 개인의 변화를 돕는 일을 하고 있다. 타인의 변화를 도우며 자신도 성장하는 지금의 일을 좋아하고 감사하며 살고 있다. (mydream@igniteu.co.kr)

최학수　역량개발연구소 공동대표 (http://www.igniteu.co.kr)

연세대학교에서 심리학을 공부하고 헬싱키 경영대학원을 졸업했다. LG CNS에서 6년 반 동안 교육, 인사에 관해서 보고하고 보고를 받았다. 세계적인 인사 전문가와 자신의 전문성을 견주어보고 더 성장하고자 인사경영 컨설팅사인 Hewitt Associates Korea로 옮겨 인사전략, 평가보상, 조직진단 등의 컨설팅 프로젝트를 수행했다. 다시 역량진단 및 개발에 특화된 전문성을 가진 Wilson Learning Korea로 옮겨 역량 모델링, 역량 기반의 선발시스템 구축, 교육과정 개발 등의 프로젝트를 수행했다. 외부고객을 대상으로 하는 보고는 물론, 내부 직원들로부터 주로 보고를 받았던 약 5년간의 컨설팅 경험 후 대림산업 기획실에서 잠시 근무했다. 현재 기업체를 대상으로 인사 및 교육 컨설팅과 강의를 하고 있다. 자신이 누구에게 보고할지를 주도적으로 선택하며 일하는 지금의 생활을 좋아하며 직장인들의 더 자유로운 자기표현을 돕기 위해 노력하고 있다. (yourdream@igniteu.co.kr)

한언의 사명선언문

Since 3rd day of January, 1998

Our Mission — · 우리는 새로운 지식을 창출, 전파하여 전 인류가 이를 공유케 함으로써 인류문화의 발전과 행복에 이바지한다.

— · 우리는 끊임없이 학습하는 조직으로서 자신과 조직의 발전을 위해 쉼없이 노력하며, 궁극적으로는 세계적 컨텐츠 그룹을 지향한다.

— · 우리는 정신적, 물질적으로 최고 수준의 복지를 실현하기 위해 노력하며, 명실공히 초일류 사원들의 집합체로서 부끄럼없이 행동한다.

Our Vision 한언은 컨텐츠 기업의 선도적 성공모델이 된다.

저희 한언인들은 위와 같은 사명을 항상 가슴 속에 간직하고
좋은 책을 만들기 위해 최선을 다하고 있습니다.
독자 여러분의 아낌없는 충고와 격려를 부탁드립니다.
· 한언 가족 ·

HanEon's Mission statement

Our Mission — · We create and broadcast new knowledge for the advancement and happiness of the whole human race.

— · We do our best to improve ourselves and the organization, with the ultimate goal of striving to be the best content group in the world.

— · We try to realize the highest quality of welfare system in both mental and physical ways and we behave in a manner that reflects our mission as proud members of HanEon Community.

Our Vision HanEon will be the leading Success Model of the content group.